AS MENTIRAS
DO NOSSO TEMPO

Conheça
nossos clubes

Conheça
nosso site

- @editoraquadrante
- @editoraquadrante
- @quadranteeditora
- Quadrante

ANTHONY ESOLEN

As mentiras do nosso tempo

Tradução
Igor Barbosa

QUADRANTE

Todos os direitos reservados a
QUADRANTE EDITORA
Rua Bernardo da Veiga, 47 | Tel.: 3873-2270
CEP 01252-020 | São Paulo - SP
atendimento@quadrante.com.br
www.quadrante.com.br

Reservados todos os direitos desta obra. Proibida toda e qualquer reprodução desta edição por qualquer meio ou forma, seja ela eletrônica ou mecânica, fotocópia, gravação ou qualquer outro meio de reprodução, sem permissão expressa do editor.

Direção geral Renata Ferlin Sugai	As mentiras do nosso tempo Anthony Esolen 1ª edição — 2024 Título original: *The Lies of Our Time* Copyright © 1991, 2023 by Anthony Esolen
Direção de aquisição Hugo Langone	
Direção editorial Felipe Denardi	
Produção editorial Juliana Amato Karine Santos Ronaldo Vasconcelos	
Capa & diagramação Karine Santos	

Dados Internacionais de Catalogação na Publicação (CIP)

Esolen, Anthony.
As mentiras do nosso tempo / Anthony Esolen; tradução de Igor Barbosa – São Paulo, SP: Quadrante Editora, 2024.
Título original: *The Lies of Our Time*

ISBN (Capa dura): 978-85-7465-761-5
ISBN (Brochura): 978-85-7465-759-2

1. Filosofia : Fundamentos 2. Ensaios 3. Educação
I. Autor II. Título

CDD 101 / 864 / 370

Índices para catálogo sistemático:
1. Filosofia : Fundamentos – 101
2. Ensaios – 864
3. Educação – 370

Sumário

Introdução — 7

PRIMEIRA MENTIRA
Deus não existe — 15

SEGUNDA MENTIRA
Não existe uma verdade moral objetiva — 39

TERCEIRA MENTIRA
A Beleza não existe — 67

QUARTA MENTIRA
A natureza humana não existe — 89

QUINTA MENTIRA
A base e a plenitude de toda sociedade humana é a igualdade — 109

SEXTA MENTIRA
O progresso cultural é inevitável — 135

SÉTIMA MENTIRA
Os homens cristãos do Ocidente são os culpados por tudo — 163

OITAVA MENTIRA
Estatísticas — 189

Conclusão — 219

Introdução

Na liturgia das Sextas-feiras Santas, uma das dez impetrações tradicionais em minha igreja é uma oração por aqueles que não acreditam em Deus, para que possam encontrá-Lo "buscando lealmente o que é reto". Isso implica que há um caminho justo a seguir e uma verdade a buscar. "Sou amigo de Platão", disse Aristóteles sobre seu amado amigo e professor, "mas sou mais amigo da verdade". "Ó Verdade, Verdade", clamou Agostinho, "como por ti suspiravam as entranhas de minha alma, já no tempo em que tais homens" — os maniqueístas com os quais ele havia se envolvido — "me falavam de ti, tantas vezes e de tantas maneiras, embora somente com sua voz e em seus muitos e pesados livros!". Assim como o corpo tem fome de bom alimento, a mente tem fome da verdade.

Desde pequeno, tenho pela matemática um amor que não passa. Parte de seu apelo, para mim, é que ela abre as portas de um reino onde a beleza e a verdade parecem estar em maravilhosa harmonia. Diz a lenda que Pitágoras, quando enxergou o teorema que carrega seu nome, ao olhar com um lampejo intuitivo um quadrado aninhado dentro de quatro triângulos retângulos, ficou tão comovido que o tomou por algo sagrado, que só poderia ser transmitido com admiração aos seus seguidores devotos. Devemos lembrar que os gregos não tinham um sistema numérico. Para eles, um número era um comprimento, e seu quadrado era um quadrado, e seu cubo era um cubo. Seus matemáticos pensavam em termos de objetos geométricos. Eles manipulavam círculos e quadrados, triângulos e outros polígonos, prismas e esferas e outros sólidos. Pitágoras entendia seu teorema como um sistema de relações belas e surpreendentes, capazes de fornecer ordem onde ela não é esperada.

Outra lenda diz que, num momento em que o matemático e inventor Arquimedes tomava banho, ele subitamente compreendeu a lei que rege o deslocamento de um objeto na água e pulou da banheira, gritando: "Eureka", ou seja: "Encontrei!". Os próprios matemáticos julgam as provas por sua beleza, e sentem que a beleza implica um alcance maior do que lhes está patente, em outros domínios de descoberta. E falam em *descoberta*, não em *invenção*. Qualquer que seja a filosofia que professam, quando trabalham, são realistas, e consideram verdadeiras as coisas que investigam, por mais que seja impossível vê-las com os olhos, tocá-las com as mãos ou medi-las com uma balança. Para eles, a verdade é revigorante.

Também eu a considero revigorante, principalmente quando vai além do mundo material. Dê-me licença por um ou dois minutos, caro leitor. Acabo de me fazer a seguinte e estranha pergunta: "O conjunto de números que o homem pode especificar individualmente por qualquer meio finito é infinito contável ou infinito incontável?". Ou seja, pode-se combinar cada elemento do conjunto, um a um, com os números naturais 1, 2, 3 e assim por diante, e chegar a todos os números dessa forma? Isso é o que chamamos de infinito contável. Ou é impossível fazer isso — como é impossível com todos os números, racionais e irracionais, entre 1 e 1.00001? Isso é o que se chama de infinito incontável. Acredito que seja o primeiro caso; que essa correspondência é *possível*, ao menos teoricamente, e, se isso for verdade, as consequências são, a meu ver, tremendas. Estamos acostumados a ouvir as pessoas dizerem, de forma arrogante, que, a menos que se possa demonstrar algo por dedução lógica (como na matemática) ou por investigação empírica (como nas ciências), sua existência não pode ser afirmada. Mas, se esta conjectura estiver correta, haverá números que jamais poderão ser especificados de forma alguma (aliás, isso se aplicará a quase todos os números). Eles existirão, mas você não conseguirá nem mesmo identificá-los. Aparentemente, essa é uma conjectura aberta. Ainda assim, quero saber a verdade. Essas coisas me agradam, como as coisas doces agradam ao paladar.

E longe de mim desprezar o que *podemos* saber por meio da observação. Hoje, vi um raro pica-pau subindo em um de nossos pinheiros, comendo o que suponho serem larvas extraídas de grandes buracos que, com seu próprio bico, ele abria. Quis saber se era macho ou fêmea (era fêmea). Procurei seu companheiro em algum lugar próximo, pois geralmente é aos pares que os vejo. Em outras ocasiões, entro na floresta no verão, quando as framboesas silvestres estão amadurecendo, e ouço seu canto agudo e débil vindo dos cedros, no mais, mudos. A maior parte de sua dieta é composta de frutos silvestres. Eu os observo; observo o macho cortejando a fêmea, encontrando frutas com que presenteá-la, e isso também me encanta, porque é outra janela aberta para a realidade e outra doçura. Esse modo do macho cortejar a fêmea é — bem sei — renegado pelas pessoas contemporâneas, que aparentemente creem que um homem pode atrair uma mulher sem demonstrar a menor capacidade de prover o sustento dela e de seus filhos — como se as exigências da natureza biológica pudessem ser ignoradas em razão de um gesto da varinha ideológica. Ou ouço alguém que sabe a diferença entre o mogno e o bordo, e para que serve cada madeira, explicando-me o porquê, e isso é como um bom pão: simples, forte e nutritivo. Posso imaginar pássaros e árvores que nunca existiram, e isso pode ser bom de um modo diferente; mas não pode, por si só, satisfazer minha fome. Eu desejo conhecer a verdade.

A palavra inglesa *truth* (*verdade*) é prima da nossa palavra *tree* (*árvore*), e ambas são primas do adjetivo latino *durus*, que significa "duro", "sólido". A verdade é como um carvalho firme e profundamente enraizado na terra. É algo em que se pode confiar. Não cederá a uma pequena pressão. Os carpinteiros chamam uma parede que estejam erguendo de *verdadeira* se ela estiver a prumo, em ângulos retos em relação à base. E a palavra *right* (*certo*), aparentada do latim *rectus*, sugere o que é reto, vertical, não torto, não inclinado ou pendente. Caso você queira comprar uma propriedade de alguém, vai querer que esse alguém seja *correto* com você, que não seja *torto*, que não seja como uma viga de madeira torcida e que começará a se curvar sob grande peso. Se ele for um vigarista, um mentiroso e trapaceiro completo, será o que os romanos chamavam de *pravus*, "torto", o adjetivo do qual derivamos nossas palavras inglesas *depraved* (*depravado*) e *depravity* (*depravação*). Se você tiver uma sensação *queer* (*estranha*) em suas entranhas, não conseguirá ficar tranquilo; e não é de surpreender que a palavra esteja relacionada ao latim *torquere*, "torcer"; dizemos que nosso estômago está embrulhado, ou, no caso de alguém que gosta do que é perverso, que ele tem uma mente *twisted* (*distorcida*).

Conheço muitas pessoas que se vangloriam de seus pecados graves, contanto que a iniquidade tenha algum charme ou envolva o poder real ou aparente. Vangloriar-se de ser um mentiroso é como se vangloriar de que sua própria existência seja negativa; é como vangloriar-se de que você é um não-ser. Quando Jesus menciona o que distingue Satanás dos outros seres, é muito instrutivo que "ele era homicida desde o princípio", "mentiroso e pai da mentira" (Jo 8, 44). Mas, embora digamos que queremos a verdade, o que normalmente fazemos é erguer uma cerca em torno da parte da verdade que queremos admitir, conceder ou proclamar, deixando o restante do lado de fora. Nossa época exacerbou esse problema duradouro, pois muitas das cercas que erguemos não são pessoais, e sim ideológicas e políticas, projetadas não apenas para silenciar uma voz incômoda que nos diz que agimos de forma errada, mas também para que muita gente possa rejeitar porções inteiras da verdade que não desejam reconhecer. Um homem pode matar seu inimigo porque o odeia, ou porque quer sua propriedade ou sua esposa. Esses são motivos malignos e, ainda assim, são humanamente compreensíveis. Mas os nazistas foram capazes de matar, com frieza programática, milhões de judeus e outras pessoas, somente porque aceitaram a grande mentira que negava a humanidade de suas vítimas; também foi isso que os soviéticos fizeram com seus prisioneiros políticos, o que os maoístas fizeram com as pessoas que se apegavam às tradições antigas e o que os americanos fazem com os próprios filhos que não desejam criar. Tais mentiras minam a humanidade dos próprios mentirosos. Os detalhes de sua argumentação são cansativos e quase não importam, pois, quando a ideologia — a maligna paródia da religião que visa substituí-la — cria raízes na alma, é possível encontrar motivos para justificar qualquer coisa e fazer com que seu argumento conduza aonde você quer ir. De fato, nos Estados Unidos, nós, americanos, presumimos que é isso que nossa Suprema Corte faz o tempo todo. Você escolhe o destino e depois finge que ele é o ponto ao qual suas razões o levaram, quando na verdade sua razão foi subornada e dobrou-se diante de falsas evidências, em prol de algum desejo. "A razão", diz o poeta John Donne, descrevendo sua alma como uma cidade murada que o inimigo aprisionou e orando a Deus para libertá-la por meio de Sua força, "vosso representante em mim, eu mesmo deveria defender, / mas ela está cativa e se mostra fraca ou falsa" ("Holy Sonnet", 14). Assim, a Corte representa, em um grande palco, o drama do homem individual nas garras do mentiroso. Exatamente por isso, o irascível John Adams considerava a elogiada "Razão" de Tom Paine uma prostituta: o filósofo ateu, segundo ele, fingia elevar a razão ao *status* de um deus, por mais que a única utilidade de tal razão fosse justificar o apetite por meio de argumentos.

Mas o alcance da razão cobre quase toda a experiência humana. Empregada corretamente, ela é determinante: um elemento da consciência do homem que nos diz o que *não devemos* fazer, por mais que o queiramos, e o que *devemos* fazer, por mais que *não* queiramos. Além disso, ela não aceita ser vinculada ao que posso demonstrar por meio de definições e raciocínios matemáticos ou ao que posso demonstrar por meio de verificações empíricas. Ela se posiciona sobre o modo como devemos viver nossas vidas; sobre o que são a justiça e a misericórdia; sobre os deveres que temos para com nossos parentes, nossos vizinhos, nossos compatriotas e o estranho que aparece à nossa porta; sobre o modo como devemos usar os bens que o mundo oferece, inclusive os animais e as plantas, criaturas como nós; sobre o que os homens e as mulheres devem ser uns para os outros; sobre a consideração especial devida às crianças, aos fracos, aos vulneráveis, aos tolos e aos doentes; sobre o que deve nos alegrar e o que deve nos entristecer; sobre todos os interesses referentes aos negócios, à educação e à arte; sobre os deveres que temos perante o nosso Criador. Digo-o não apenas como cristão, mas como ser humano, e todos os grandes pensadores pagãos, desde a Grécia e Roma até a Índia, China e Japão, concordam comigo. Os que dizem o contrário são os excêntricos.

E, no entanto, em nossa época, a inverdade ou falsidade, como a chamaremos aqui, leva muitas vantagens sobre a verdade. Pois a busca pela verdade exige paciência, probidade, mente serena e humildade para, uma vez encontrada, aceitá-la e a ela conformar-se através dos próprios atos. A pessoa que ama a verdade manterá padrões de honra *superiores* aos das pessoas ao seu redor. Quando eu era aluno da graduação em Princeton, tínhamos um código de honra que era genuinamente libertador. O professor não precisava ficar na sala nos vigiando enquanto fazíamos as provas. Nós éramos nossos próprios fiscais. Qualquer um poderia sair da sala a qualquer momento, inclusive levando a prova consigo. Recentemente, no jornal acadêmico, li um artigo que ataca esse código de honra por promover um ambiente de hostilidade e por ser especialmente prejudicial aos alunos membros de minorias. Em nenhum trecho do artigo a autora reconhece mentir, trapacear e colar como males. Ela não ama a verdade e, por isso, procura pretextos e transforma o que deveria ser um excelso distintivo de honra em uma arma de opressão. É impossível imaginar Booker T. Washington, homem de honra escrupulosa, incentivando uma atitude tão desmoralizada entre seus alunos. Mas a inveja e o ressentimento político são agentes irritantes prontíssimos a transformar em virtude absoluta aquilo que é desonroso.

Tudo o que nos torna menos pacientes, que nos torna mais sensíveis e mais propensos a enxergar ofensas e ofender, mais orgulhosos e provocadores em nossos modos de agir; e também tudo que nos leva a acastelar nossa individualidade contra a sabedoria comum da humanidade, especialmente quando essa sabedoria nos é transmitida na forma de tradição sagrada; tudo, enfim, que nos mantém numa adolescência permanente e não muito promissora nos torna mais vulneráveis à falsidade e mais sôfregos para espalhá-la, às vezes com megafones e, às vezes, aplicando o poder governamental puro e simples. Estou escrevendo aqui, portanto, não apenas para afirmar várias verdades fundamentais que muitas pessoas desejam negar, ignorar ou apagar da consciência humana, mas para lembrar, a mim mesmo e a todos os demais, como a verdade funciona e como se deve buscá-la.

Primeira mentira
Deus não existe

Assim proclama o salmista: "Diz o insensato em seu coração: 'Não há Deus'" (Sl 13, 1).

Esta é a mentira fundamental de nosso tempo — fato, ainda que sejam poucos os ateus declarados. O que isso significa?

Vamos supor que a pessoa que diz isso esteja querendo dizer que Deus não existe. Devemos então perguntar o que ela quer dizer com esse nome próprio, Deus. Podemos descartar seus equívocos. Não aceitaremos que ele diga que não acredita em Deus, assim como um cristão não acredita no Sr. Zeus. Isso se deve ao fato de que *nenhum cristão acredita em Deus do mesmo modo que um grego antigo acreditava em Zeus*. São entidades de ordens totalmente distintas. Enfatizo esse ponto, que os próprios ateus costumavam reconhecer na época em que as pessoas liam livros, porque agora é frequente ouvirmos, de pessoas mal-educadas e mal-humoradas, que acreditar em Deus é como acreditar em gênios, fadas, no papai do céu ou em qualquer outra coisa da qual se possa rir livremente. De fato, o rótulo agora comum de "papai do céu" é uma tentativa desonesta de fugir da questão por meio de pouca reflexão e muita ridicularização.

"Por que vocês estão rindo dessa imagem?", diz Lucy a Charlie Brown e Linus, que estão sentados no chão ao lado de um livro aberto.

"Porque não a entendemos", eles respondem.

Zeus nunca foi entendido senão como um ser grande e poderoso, não como o absoluto. Zeus nasceu e, portanto, não era eterno. Zeus podia ser temporariamente enganado, como quando sua esposa Hera o distraiu com sua beleza para que ele se deitasse com ela em uma nuvem dourada, enquanto os gregos venciam a batalha contra os troianos. Portanto, ele não era onisciente. De fato, às vezes ele era governado pelo *desejo*, um atributo que compartilhava com homens mortais, cavalos, cães e gatos; de modo que não era totalmente bom, muito menos totalmente admirável. Por isso, ele assumiu a forma de um touro para se aproveitar da jovem Europa e enviou sua águia ao Monte Ida, para que trouxesse ao seu trono o belo menino troiano Ganimedes. Zeus estava sujeito às Parcas, que governavam o destino; isso se viu quando ele chorou a morte de seu filho Sarpedon na Guerra de Troia, sem que pudesse fazer nada para ajudá-lo. Não era, portanto, onipotente. Podemos dizer que ele era uma criatura. Não quero dizer que ele era *simplesmente* uma criatura da imaginação do homem. Quero dizer que, enquanto ser imaginário, pensava-se que Zeus habitava o mesmo plano de existência que as outras criaturas. É o maior ser do mundo, talvez, mas ainda está *no* mundo, é finito, posto em meio a outros seres finitos. Se você escalasse o Monte Olimpo, talvez o encontrasse. Por isso ninguém escalava.

Em sua *Teogonia* — isto é, "nascimento dos deuses" —, o poeta Hesíodo retrata a ascensão de Zeus ao poder como uma combinação de perícia bélica e astutas alianças políticas. O significado daquele jovem deus estava ligado ao peculiar e dinâmico modo de vida que os gregos estavam inventando, o da pólis autogovernada, em parcial conflito com um modo de vida mais antigo, mais ligado a lealdades de sangue. Suas meditações mais profundas sobre as velhas histórias dos deuses têm o objetivo de revelar aos olhos dos homens a possibilidade e a precariedade de uma sociedade pequena unida por um senso comum de parentesco e governada pela razão, pelo discurso, pelo autodomínio e, é claro, pelo poder militar. Posso chegar ao ponto de dizer que "acredito em Zeus", considerando que a figura, como é retratada nas grandes peças de

Ésquilo e Sófocles, é representante do grande, conquanto provisório, triunfo desse modo de vida grego. Morta a pólis, Zeus também morreu.

Da mesma forma, o *Enuma Elish* da antiga Babilônia conta como Marduque, deus tutelar da cidade, subiu ao poder unindo algumas divindades razoavelmente decentes sob sua liderança militar, derrotando a perversa deusa do mar Tiamate e seu consorte Quingu, criando o mundo a partir dos membros amputados da deusa e a humanidade a partir do sangue de seu consorte. Portanto, Marduque também está ligado a um lugar, um império e um modo de vida. "Acreditar" em Marduque é quase o mesmo que ser um cidadão ou escravo babilônico nos dias de glória da Babilônia. Não quero dizer que seria *provável* que você acreditasse ou fosse *obrigado* a acreditar nele. Quero dizer que Marduk não faz sentido fora da Babilônia, nem os próprios babilônios entenderiam se você lhes perguntasse se alguém a cinco mil quilômetros de distância deveria acreditar nele. Seria como perguntar se alguém a cinco mil quilômetros de distância deveria contribuir com dinheiro para comprar vestes de seda para os sacerdotes da Babilônia. Que sentido isso faria?

E o que dizer dos deuses que estão ligados a algum fenômeno natural? Veja o caso de Hiawatha, o deus do milho dos Hurons. Por que agora ninguém pode "acreditar" em Hiawatha? Um modo possível de responder é lembrar que a revelação de Deus devolveu à natureza o seu lugar apropriado no universo: o de criatura. Mas outra resposta possível é dizer que Hiawatha não faz sentido em lugares onde o milho não brota. Será que os caçadores de focas inuítes cantariam para o deus de uma planta que não existe no lugar em que eles vivem? Será que tal sugestão faria sentido para eles? Por outro lado, como se poderia imaginar um Hiawatha nos milhares de acres que em Illinois são dedicados à soja e aos milhares de produtos derivados de suas fibras e óleo? Todos os anos, os antigos egípcios viam a vida brotar da lama fértil do Nilo em sua cheia. Eles estavam errados ao identificar o Nilo com uma divindade — com Osíris e com o Faraó ou a

"Grande Casa" na Terra que Osíris se tornará quando morrer, garantindo boas cheias. Talvez eles não estivessem tão errados quando viam *a divindade em ação* no Nilo, pois o rio é sublime, e todas as criaturas da natureza — montanhas e colinas, neve e chuva, rios e mares — louvam o Senhor. Portanto, se você perguntar se eu acredito em Osíris desaguando suavemente no mar, minha resposta é: não, não acredito. Mas se você perguntar se eu compartilho, de alguma forma, do antigo senso egípcio de que a divindade opera naquele lugar, e se a reação adequada a essa presença divina consiste em admirá-la com gratidão, a resposta é: sim, embora nosso modo de vida atual torne extraordinariamente difícil, para o homem moderno, estar atento a tais maravilhas.

As falsas alternativas

Há dois elementos muito marcantes sobre Deus no modo como Ele nos é apresentado no Gênesis. O primeiro é o fato de que Ele não está vinculado a nenhuma teogonia nem ao estabelecimento mitológico de uma cidade ou império. Ele não tem ancestrais. Ele não tem um começo. Pelo contrário, Ele é o princípio: "No princípio, Deus criou o céu e a terra" (Gn 1, 1). O texto hebraico não sugere que Deus foi apenas o primeiro em uma série de seres ou eventos. A raiz do hebraico *reshith* — "começo" — é *rosh*, que significa "cabeça" ou "chefe", bem traduzida pelos estudiosos judeus da Septuaginta grega como *arche*: um começo como *fundamento* ou *princípio governante*. Quando Deus cria a luz — e o verbo hebraico *bara* é, nas Escrituras, predicado somente de Deus — Ele não precisa de nada para criá-la. Em vez disso, por assim dizer, Ele derrama o ser naquilo que não tinha ser. Ele diz, fazendo um trocadilho com Seu próprio nome, *Yehi'or*, e houve luz. E dessa manhã e dessa noite foram, diz o autor sagrado, *yom echad*, não apenas o primeiro dia, mas "um dia", com forte ênfase na palavra final, *um*. Podemos ouvir um eco da mais sagrada das orações judaicas: "Ouve, ó Israel! O Senhor, nosso Deus, é o único". Em Deus não há antes, depois ou além.

O segundo aspecto a ser observado é que Deus não está vinculado a nenhuma característica do mundo natural. Ele não é um deus do sol, porque criou o sol. Ele não é um deus do milho, porque criou a terra e todos os seres vivos nela existentes. Em todos os lugares do mundo, onde quer que você investigue os mitos pagãos da humanidade, encontrará uma teogonia, emaranhada com as cidades e as videiras que dão às pessoas seu alimento, uma teogonia manchada de terra e encharcada de sangue. Mas Deus *é*, e isso é tudo. Não há nada nem ninguém antes d'Ele, e não apenas porque de fato não há, mas porque é inconcebível que possa haver. Não há nenhum nome *concebível* além do nome que não é nome, o nome que identifica Deus como o ser que não pode ser identificado: "Eu sou aquele que sou", diz Deus, quando Moisés pergunta por Seu nome (Ex 3, 14). Algo do poder absoluto dessa transcendência pode ser deduzido do pseudo-Areopagita, que diz que Deus está até mesmo *além do ser*; pois esse místico perspicaz temia que pudéssemos reduzi-lo a *um ser*, um entre muitos, e, portanto, circunscrito; e, portanto, não Deus.

Deus também não é uma divindade cívica. É verdade que o povo escolhido se estabelece na Terra Prometida, constrói uma cidade, Jerusalém, e Deus lhes dá leis para ordenar suas vidas. Afinal, as pessoas precisam viver em comunidades; não podemos ficar vagando eternamente de terra em terra. Mas o relacionamento entre Deus e os reis de Israel e Judá é repleto de conflitos, pois os homens são pecadores e sua inclinação constante é a de voltar para os cultos de fertilidade de seus vizinhos, ou crer na cidade como uma espécie de talismã, como se Deus estivesse ligado a pedras, leis cívicas e um costume de adoração ritual. Em outras palavras, quando os filhos de Israel pecam, eles voltam a cair na teogonia, adorando um ciclo de nascimento e morte como se fosse absoluto, ou se voltam para a adoração da cidade, tomando Deus como se Ele fosse um Marduque e Jerusalém como se fosse a Babilônia. E devemos nos lembrar também, como

Santo Agostinho nos lembra na *Cidade de Deus*, que o primeiro construtor de uma cidade mencionado nas Escrituras é Caim, o primeiro fratricida. Santo Agostinho não deixaria de perceber as implicações disso no tocante a Roma. Temos muitas representações antigas dos bebês gêmeos Rômulo e Remo mamando nas tetas inchadas da loba; e a lenda também dizia que Rômulo mataria seu irmão Remo e seria o único governante da cidade que estava fundando.

Além disso, assim como Jeremias previu a destruição de Jerusalém, Isaías também previu o triunfo de Deus *além de* Jerusalém, e não porque os judeus triunfariam em todos os lugares, mas porque o conhecimento do Senhor encheria a Terra, e as ilhas esperariam por Sua lei, e todos os de Sabá viriam, trazendo ouro e incenso. Essencialmente, essas profecias são as mesmas. Pois Deus é o Senhor de toda a humanidade, e a Jerusalém terrena é apenas uma sombra local da realidade universal.

E, nesse sentido, o ateu de nosso tempo — ao insinuar que o cristão ou o judeu que acredita em Deus é igual ao grego que acreditava em Zeus, ao babilônio que acreditava em Marduque ou ao egípcio que acreditava em Osíris e no Faraó semidivino — se iguala, sem querer, aos idólatras que Ezequiel viu chorando pela morte do regenerado deus cananeu Tamuz, ou como os egípcios que gritavam: "Grande Casa, Grande Casa", enquanto o Faraó corria ao longo das margens do Nilo, no início da primavera, para garantir as cheias que propiciariam mesas fartas. Pois, assim como a adoração a Deus deve, em última análise, estar em conformidade com Seu Ser único e necessário, a negação de Deus *nos obriga a nos conformarmos com as duas grandes coisas que vemos ao nosso redor*: ou seja, com as criaturas do mundo natural ou com os artifícios do homem citadino. O ateu é bastante crédulo; contra todas as evidências da história, acredita, com uma ingenuidade e obstinação quase admiráveis, que as estruturas políticas nos redimirão, ou — esse é mais o comportamento da ateia — tenta estimular uma certa submissão à natureza, ao verde e ao sangue, e isso numa época em que nem uma pessoa em mil seria capaz de cortar a garganta de um animal que tenha caçado ou criado para pôr comida na mesa. Eles se desviam de Deus para Marduk ou para Tamuz; de Deus para a lama da política ou para a lama da matéria, e não se dão conta de que fizeram isso.

No fim das contas, há apenas uma escolha. Estamos falando sobre a existência de Deus, tal como as grandes tradições da filosofia humana tentaram entendê-Lo em sua busca pelo divino e como Ele foi revelado nas Escrituras judaicas e cristãs: o Ser absoluto, onipotente, onisciente, além do tempo em Sua eternidade, cuja existência é necessária e não contingente, a fonte e a origem de todas as coisas existentes, a quem não falta qualquer uma das perfeições que, como sombras e de modo meramente análogo, atribuímos a essas realidades. Aqui iremos além das filosofias humanas que erram ao supor que a *pessoalidade* estabeleceria um limite para o Deus infinito, pois há, como Dietrich von Hildebrand costumava dizer, um abismo tão grande entre o impessoal e o pessoal quanto entre o inanimado e o animado, e Deus se revela a Moisés *tanto* como Ser — "Eu sou aquele que sou" — *quanto* como Pessoa, pois Ele é "o Deus de teu pai, o Deus de Abraão, o Deus de Isaac e o Deus de Jacó" (Ex 3, 6). E é por isso, diz Jesus, que podemos confiar que a vida não termina com a morte do corpo, pois Deus é o Deus dos vivos, não dos mortos.

Demonstrabilidade

A questão, portanto, não é se esta ou aquela divindade imaginária existe, mas se existe Deus — o Ser absoluto. Aqui podemos trazer à baila as várias demonstrações de que Deus *deve existir*, embora eu duvide que elas tenham persuadido alguém a alterar um momento de sua vida, a restringir ou rejeitar um único desejo ilícito, a portar-se com amor com aqueles que não são amáveis, a colocar uma única pedra sobre outra pedra para formar um altar ou um templo de adoração, ou a entoar uma simples nota de louvor. Isso não significa que eu rejeite as demonstrações. De fato, considero-as logicamente poderosas; a maioria delas de fato funciona.

Tomemos, por exemplo, o argumento do ser contingente. Olho ao meu redor e vejo coisas que existem, mas que *não existem necessariamente*: é perfeitamente razoável imaginar um mundo no qual elas não existam. Cada uma delas foi trazida à existência por alguma causa que, por sua vez, não precisava ter existido. Mas você não pode continuar essa relação de dependência indefinidamente. Tampouco adianta apontar para o universo e dizer que, em última análise, *ele* é a razão pela qual meu gato Junior está dormindo encolhido em seu trono. Pois o universo em si é apenas uma sacola imensa, mas finita, cheia de um número imenso, mas finito, de coisas contingentes. Ele não pode explicar Junior, assim como Junior não pode explicá-lo. Uma coisa contingente não se torna mais necessária pelo fato de ser grande. Um conjunto de coisas contingentes não se torna mais necessário pelo fato de conter muitos elementos. Mas e as leis que regem esse universo? Será que elas dão conta da explicação toda?

Não, elas não dão conta e não podem dar, pois elas mesmas requerem uma explicação. O que quero dizer é que sua existência também é contingente. Por que a força nuclear fraca precisa ser exatamente o que é e não algo ligeiramente diferente? Por que a massa de um próton deve ser quase igual, mas não exatamente igual, à massa de um nêutron? Em outras palavras, por que o universo precisa ser este e não outro? Os físicos desistem do jogo quando, embaraçados com as combinações extremamente improváveis de propriedades da matéria que foram necessárias para dar origem a este mundo, incluindo Junior, supõem que há um número infinito de outros universos com outros conjuntos de leis. A ideia é que simplesmente existimos em um dos raros universos com leis propícias, e, se nosso universo não fosse um desses, não estaríamos aqui para discutir o assunto. Mas essa jogada apenas faz o mesmo problema avançar um passo, ou melhor, complica-o ainda mais, porque agora há mais universos para explicar, cada um deles diferente dos demais, e cada um deles *desnecessário*. E como cada um deles deve ser diverso, *este* universo e *aquele* universo, eles serão como pontos singulares em um espaço matemático, e, mesmo que tenhamos um número infinito desses pontos, discretos, um a um, a chance de um selecionador de pontos aleatórios encontrar qualquer um deles, em vez de nenhum deles, é zero. Imagine uma linha numérica e diga, para simplificar, que todos os universos que dariam origem à vida inteligente devem estar dentro de um determinado intervalo; digamos, os números entre 1 e 2. Inclua na consideração um seletor de números aleatórios, como um atirador que aponta para a linha, sem nenhuma instrução. A chance de o atirador atingir esse intervalo em seu primeiro tiro é infinitesimal, menor do que qualquer número pensável que seja maior do que zero. E não importa quantas vezes se atire: se for disparado um tiro por vez — um universo por vez — a soma dos infinitesimais não pode resultar em nada mais que o infinitesimal. Novamente, não estou falando de um número maior que zero e muito pequeno, como um milionésimo de 1 por cento. Estou falando de um número menor que um milionésimo de um milionésimo, e assim por diante, um milhão de vezes: um número que não pode ter nome, porque assim que você o identificar como *um número*, ele será muito pequeno, mas já não será infinitesimal.

O outro problema com essa tentativa de fugir do "problema" — se decidirmos chamar de problema o fato de habitarmos um universo governado por Deus, em vez de em um universo sem sentido — é que ela desmente o que esses mesmos cientistas têm dito sobre si próprios e seu trabalho. Eles dizem que trabalham apenas observando evidências empíricas e tirando conclusões racionais a partir delas. Mas, por definição, não se pode ter nenhuma evidência empírica de um objeto (como outro universo) que não tenha contato com este nosso universo. Para que você pudesse observar essa evidência, ela precisaria estar dentro deste universo e, portanto, não fazer parte de algum universo alternativo. É preciso, então, abandonar a suposição ou a pretensão de que se é um mero observador empírico. Como já afirmei, essa suposição não leva a lugar algum, afinal. Mas talvez os cientistas precisem adquirir algum traço de humildade e admitir que seu reino particular abrange apenas uma fração do que os seres humanos podem saber.

Voltemos ao problema do contingente e do necessário. Imaginemos, para simplificar, um universo com três objetos, movendo-se e reagindo uns aos outros de acordo com algumas leis que impedem que tudo se desfaça. Chame os objetos de A, B e C. De onde veio A? Se você disser que veio de B, então faremos a mesma pergunta a B. Se você disser que veio de C, então faremos a mesma pergunta a C. Se você disser que C veio do "universo", eu o acuso de estar discutindo em círculo, já que o universo não é nada além de A, B e C e as leis que eles obedecem. De onde veio esse universo? Você não pode dizer que ele veio de A, B ou C, ou mesmo de A, B e C juntos. Se A, B e C não são necessários, então o conjunto que os inclui não é necessário. Dizer que o gato deriva uma *existência necessária* do que é apenas um grande rebanho de "gatos" não faz mais sentido do que dizer que o universo deriva sua *existência necessária* da existência de um grande número de coisas individuais cuja existência não é necessária. A única maneira de passar da contingência para a necessidade é por meio de algum ser cuja existência seja necessária. Mas então voltamos ao entendimento clássico de Deus. Considere também: se *não é impossível* que o ser necessário exista, então o ser necessário *deve existir*, pois, caso contrário, não seria necessário, e você terá se contradito.

Há outras demonstrações. O maior matemático do século XX, Kurt Gödel, era um homem devoto, um cristão luterano. Sua maior realização matemática, o teorema da incompletude, provou que qualquer sistema matemático de complexidade comparável ao menos com a aritmética é necessariamente incompleto, o que significa que nunca se esgotará o número de coisas verdadeiras que podem ser ditas sobre ele e que haverá algumas afirmações sobre ele que são verdadeiras, mas que não podem ser provadas dentro do próprio sistema. Em outras palavras, a tentativa de reduzir a matemática a um sistema fechado — o que na matemática é análogo à tentativa de reduzir todos os objetos à matéria que os compõe e às leis que obedecem — estava, na prática, fadada ao fracasso. Era uma empreitada de tolo. Gödel usou, então, o raciocínio que havia empregado em seu teorema para demonstrar a necessidade da existência de Deus — o Ser que possui, em um grau infinito e de forma absoluta, todas as perfeições possíveis de qualquer bem que possa ser predicado de qualquer coisa.

Mas, se você não gosta de matemática, pode fazer uma pesquisa sobre os vários milagres que ocorreram e foram testemunhados não apenas por cristãos, mas por céticos, pois mesmo um único evento inexplicável pelas leis naturais deve implicar um Ser que não está vinculado a essas leis. Do mesmo modo, eu diria, um compositor que escreve uma música em determinado tom não está vinculado às leis que ele mesmo criou para seus próprios propósitos, mas pode muito bem introduzir notas que não são explicáveis no próprio sistema — notas milagrosas, notas maravilhosas, notas que criam uma complexidade e uma harmonia muito maiores do que as leis fundamentais da peça poderiam permitir. Peter Kreeft disse, com argúcia, que o que faz o milagre não é apenas o que não pode ser explicado pelos fenômenos naturais como os conhecemos, ou mesmo como eles podem ser, quer os conheçamos ou não. O milagre requer um contexto. Quando dezenas de milhares de pessoas em Fátima viram o sol dançando no céu, talvez estivessem testemunhando um fenômeno atmosférico extremamente raro, explicável pelas leis que regem a luz e o vapor de água. Talvez sim, talvez não, mas isso é quase irrelevante, pois elas só estavam lá porque as crianças disseram que haveria um milagre, conforme lhes havia dito a Senhora de suas visões. O milagre era, portanto, um *sinal*, o que exige que haja um transmissor do sinal. Uma estranha reversão do processo de decomposição celular deve ter varrido o corpo de Lázaro como um incêndio, mas, mesmo que pudéssemos descrever este outro processo, o verdadeiro milagre é o incêndio ter sido deflagrado no exato momento em que Jesus disse:

"Lázaro, vem para fora" (Jo 11, 43). Também esta frase era um *sinal*, planejada como tal por quem o transmitiu. Talvez um dia possamos determinar por qual estranha explosão de radiação o negativo fotográfico do homem sepultado foi impresso no Sudário de Turim com uma espessura impossível de ser aplicada pela mão humana. Sei que alguns cientistas descobriram uma maneira de usar o que sabemos *hoje* sobre a luz para produzir algo parecido com a imagem, mas é claro que eles já sabem o efeito que querem produzir e por que querem produzi-lo, enquanto um suposto falsificador não poderia saber nem uma coisa nem a outra; ora, tal falsificador não teria experiência com um negativo fotográfico, as pessoas a quem ele apresentaria a imagem não teriam um conhecimento prévio dela, incompreensível também se consideradas as próprias técnicas da época, mesmo que houvesse a intenção de criá-la, já que então nada se sabia sobre a complexidade do modo como um corpo tridimensional se imprimiria em uma superfície bidimensional que o envolvesse. Esse é um problema de topologia capaz de travar a inteligência dos mais hábeis entre os matemáticos modernos. Em seguida, temos características do sudário que um falsificador medieval não poderia conhecer, pois têm a ver com a prática e os recursos dos torturadores romanos e com os costumes fúnebres dos judeus. E se você estivesse ciente disso tudo — ignorando esta impossibilidade em prol da argumentação — não haveria motivo para se preocupar com nada disso, já que essas coisas não tinham valor como sinais para as pessoas que estariam vendo o sudário. Ele não poderia ou quereria falsificá-lo, assim como não poderia ou quereria falsificar um fóssil de um animal há muito extinto, cujos hábitos alimentares nem ele nem seus contemporâneos poderiam conhecer. O sudário não valeria como o *seu sinal*, ou o sinal de qualquer homem, mais que o meu fóssil imaginário poderia valer. Mas com certeza ele poderia ser um *sinal de Deus*, com características significativas que só poderiam começar a ser reconhecidas como sinais pelas pessoas séculos depois. O milagre do sudário é o fato de ele existir como um sinal único, com o qual não há ou houve nada parecido nem naquela época nem desde então; e, como sinal, o fato de testemunhar um homem único e um evento único — o homem, Jesus, que previu e revelou o próprio evento que gerou o sudário, embora as pessoas com quem Ele falou não tenham entendido o que Ele quis dizer até depois que o evento ocorresse.

Será que, para o seu gosto, os milagres são coisas excessivamente particulares? Por sua natureza, eles não admitem leis gerais. Mas nesse caso você deve notar que, assim que invoca "leis" para governar o comportamento da matéria, você abandonou o materialismo, já que as próprias leis não são materiais. E mesmo que descubramos as leis estudando a matéria que elas governam, elas são *anteriores à matéria em existência e em causa*; são mais fundamentais do que a matéria, e os próprios físicos admitem isso, embora não cheguem à conclusão imediata de que o materialismo — a crença de que a matéria existe por si só — é falso. No entanto, assim que você admite que coisas imateriais existem e que não são apenas suposições da mente ou invenções humanas, seu ateísmo fica sem justificativa. Você não pode mais dizer que Deus não pode existir pelo fato de Ele não poder ser visto pelos olhos ou tocado pelas mãos. Você já fechou essa saída.

O mesmo vale para os objetos matemáticos. Deus, diz o autor do Livro da Sabedoria, dispôs o mundo com "medida, quantidade e peso" (Sb 11, 20), um versículo que Santo Agostinho gostava de citar e que inspirou os artistas, os arquitetos, os teólogos e os poetas da Idade Média, uma influência que perdurou até a Renascença. É por isso que Dante diz que Deus, embora não circunscrito, circunscreve todas as coisas:[1] podemos dizer que Deus, ao criá-lo, insere numa forma matemática o mundo criado e todas as coisas que este contém. Talvez seja possível deduzir o quão profundamente esse sentido penetrou na imaginação popular observando-se as catedrais construídas pelos homens da Idade Média — edifícios onde por toda parte há números

---

1 *Paraíso*, canto XIV, v. 30.

e números aninhados em outros números, de modo que a catedral se revelasse como um microcosmo, um reflexo ao mesmo tempo vasto e acolhedor de todo o universo e de toda a história humana. Agrada-me considerar que o número em si é inesgotável. Os matemáticos postulam o conjunto de números reais, mas sabem que mesmo o menor intervalo entre dois números reais é inesgotável e inexprimivelmente rico, tanto que a plenitude dos números que se encontram, como conjecturei, entre 1 e 1,0001 nunca será e nunca poderá ser especificada por qualquer meio que o homem possa inventar. Eles são *incontavelmente* infinitos — e isso não é uma conjectura. Não existe uma fronteira final para o conhecimento matemático, e isso é exatamente o que devemos esperar de uma criatura feita à imagem do Deus infinito.

Mas por que deveríamos limitar o conhecimento ao caso geral? O particular, em sua particularidade, é em si mesmo uma maravilha e, quanto mais alto sobe a escada do ser, mais se aproxima do miraculoso, do infinitamente inexplicável. Um próton, suponho, é idêntico a outro. Um verme pode muito bem ser igual a outro; não há história entre os vermes. O cão se aproxima da personalidade; podemos dizer que conhecemos um cão, na mesma medida em que não faz sentido dizer que conhecemos um verme ou um inseto. No entanto, há um limite até onde podemos ir, e isso não se deve apenas ao fato de não possuirmos um faro de cão. Não podemos conhecer as esperanças e os planos de um cão, porque ele não os tem; não podemos nos unir ao cão em sua admiração por seu próprio ser, porque nenhum cão jamais a experimentou. Ainda assim, este cão não é aquele cão; Rex não é Totó, e meu saudoso Jasper, com seus oitenta truques, nunca mais será visto por mim tal como era. Mas quando encontramos um ser humano, mesmo um bebê com os olhos bem abertos para o mundo, encontramos um mistério profundo e, embora existam "leis" gerais — não leis de fato, mas fortes consistências — que tornam o comportamento humano previsível, não há como repetir uma pessoa; não há como prever o pensamento de uma pessoa em particular.

Fique à vontade para enviar quantas sondas quiser para Saturno; aprenda tudo o que puder sobre esse gigante gelado e gasoso; mas sentada na sala ao seu lado, feita à imagem de Deus, está uma maravilha infinitamente maior.

Como devemos viver?

Então, por que o insensato diz em seu coração: "Não há Deus"?

O salmista não está falando de conhecimento teórico. Ele não está dizendo que você é um tolo se negar a existência de Deus, embora ele acredite, sem dúvida, que tal negação é tola. Em vez disso, ele está falando de uma alegação existencial a nosso respeito, de nosso modo de vida, de nossas ações e os motivos que atribuímos a elas. A declaração hebraica concisa é simplesmente *'eyn Elohim*, com a negativa, *'eyn*, sugerindo uma ampla gama de ausências. Pode significar que algo *desapareceu*: como quando Enoque, tendo andado com Deus, é levado por Ele, e, literalmente *desapareceu*, o que não significa que deixou de existir, mas que ninguém mais podia vê-lo (Gn 5, 24). Pode significar que você está *privando alguém de algo*: como quando o Faraó, de forma arrogante e cruel, manda dizer aos hebreus que "*não lhes fornecerá palha*" para ajudá-los a fazer seus tijolos (Ex 5, 10–11). Pode significar que está *faltando algo*: como quando se diz que Sara é estéril, porque *não tinha filhos* (Gn 11, 30). Pode sugerir impossibilidade ou separação completa, como quando Deus é chamado de Deus de fidelidade, *'eyn 'awel*, "sem iniquidade". Pode negar uma qualidade ou uma ação, como parece fazer nos próximos versículos do salmo, pois depois de ouvirmos que o tolo disse em seu coração, *'eyn Elohim*, o próprio Deus "observa os filhos dos homens para ver se, acaso, existe alguém sensato que busque a Deus". Mas "todos eles se extraviaram e se perverteram; *não há mais ninguém que faça o bem, nem um, nem mesmo um só*" (Sl 13, 2–3), *'eyn 'oseh tob, 'eyn gam 'echad*.

E nessa avaliação, "não há mais ninguém que faça o bem", está a chave. "Louvai o Senhor, *porque ele é bom*", diz o salmista (Sl 117, 1), com essa segunda frase ocupando apenas duas palavras no hebraico, *ki tob*. São as mesmas palavras que lemos pela primeira vez no Gênesis, quando Deus cria a luz, ordenando-a que passe a existir, e vê "que a luz era boa": *ki tob* (Gn 1, 4). A bondade da criatura deriva da bondade de Deus. E Deus, como eu disse, não é um entre muitos, mas simplesmente um, *'echad*, como o autor sagrado diz sobre o dia em que Deus fez a luz: não apenas que foi o primeiro de uma série de dias, mas *yom 'echad*, "um dia" (Gn 1, 5). Agora, a primeira coisa nas Escrituras que Deus declara que "não é bom", *lo tob*, é o fato de o homem estar sozinho (Gn 2, 18), e por isso Ele molda Eva a partir da costela de Adão, para que ela seja osso de seus ossos e carne de sua carne (Gn 2, 23), como ouvimos nas primeiras palavras que Adão diz.

Assim, podemos ver no tolo que em seu coração diz "não há Deus", o desejo de fazer o que *não é bom*: e esse desejo o coloca essencialmente contra Deus e seu semelhante. Cria isolamento. Não estou dizendo que os ateus sejam más pessoas. A complexidade das motivações humanas faz, muitas vezes, com que um homem seja melhor do que sua filosofia ruim, ou pior do que sua fé ordena que ele seja. Já conheci ateus a cujos cuidados eu confiaria as coisas mais preciosas do mundo, e conheci cristãos diante dos quais eu não deixaria uma carteira sobre a mesa. Mas há uma conexão essencial aqui que deve inevitavelmente se manifestar nos assuntos humanos. Dizer "Deus não existe" é implicar que o mundo *não é bom* — exatamente o que ateus como Richard Dawkins dizem, e o que o atomista Lucrécio, apesar de seu verdadeiro amor pelas crianças e animais, disse há muito tempo — e que o homem está só, tanto em relação a um Criador a quem amor e gratidão seriam devidos, como em relação aos outros homens. Mais uma vez, é possível que um homem seja agraciado com um temperamento gentil e que, mesmo não acreditando em Deus e não tendo nenhum fundamento racional para o bem que faz, goste de fazer coisas agradáveis para seus amigos. Mas a inverdade agirá como um veneno em todo o corpo político e produzirá, em vez de santos abnegados e, portanto, autotranscendentes, filantropos intrometidos que exageram o valor de suas boas ações; em lugar de pessoas comuns que se submetem às regras da virtude e que depõem seus pecados diante de Deus, pessoas comuns que se submetem aos modismos sociais da época e que fazem questão de serem arrastadas pela maré da popularidade; e em lugar de pessoas más com peso na consciência, outras, que são perfeitos poços de maldade, sem medo e sem limite para sua depravação.

O tolo e sua tolice

E agora voltamos ao *tolo* — em hebraico, *nabal*. O que significa esta palavra?

Não é, nem de longe, a palavra mais comum para *tolo* nas Escrituras. A mais comum, *kesiyl*, vem de uma raiz original que tem a ver com lentidão e densidade: no sentido que usamos ao chamar alguém de "cabeção". Em outras palavras, o tolo é um idiota que geralmente confia (*kesel*) demais em si mesmo, pois "a língua dos sábios ornamenta a ciência, a boca dos imbecis [*kesilith*] transborda loucura" (Pv 15, 2), e "o coração do inteligente procura a ciência; a boca dos tolos sacia-se de loucuras" (Pv 15, 14). A segunda palavra mais frequente, *'ewiyl*, denota alguém que é pior ainda: um ser teimoso, perverso, que nunca ouve, pois "o temor do Senhor é o princípio da sabedoria", mas "os insensatos [*'ewiylim*] desprezam a sabedoria e a instrução" (Pv 1, 7). Esses tolos devem ser sempre condenados como portadores de uma obtusidade de fundo moral. Poderiam ser chamados de jumentos ou imbecis. Mas há algo ainda pior.

Assim que Jó começou a ser afligido por Satanás, com a permissão de Deus, sua mulher lhe disse: "Persistes ainda em tua integridade? Amaldiçoa a Deus e morre!". Mas Jó responde: "Falas [...] como uma insensata [*nebaloth*]"

(Jó 2, 9-10). Tal tipo de insensatez se observa numa pessoa vadia, sem senso de obrigação moral e religiosa, arrogante e vexatória, vil e desprezível. A melhor ilustração do tipo é o próprio Nabal, marido de Abigail e um homem rico em Maon, com propriedades em Carmelo. Os homens de Davi estiveram entre os pastores de Nabal durante todo o verão, protegendo-os dos inimigos e sem receber nada por seu trabalho. Mas, quando chegou a época de tosquiar as ovelhas e Davi enviou dez de seus homens a Nabal para pedir-lhe hospitalidade, Nabal respondeu como um patife: "Quem é Davi? E quem é o filho de Jessé? Há hoje muitos escravos que fogem da casa de seus senhores! Irei eu tomar meu pão, minha água e a carne que preparei para os meus tosquiadores e dá-los a homens que vêm não se sabe de onde?" (1Sm 25, 10-11). Diante disso, Davi chama seus homens às armas, mas Abigail, a esposa de Nabal, sai ao encontro do futuro rei para implorar: "Não faças caso, te peço, meu senhor e meu rei, da injustiça de Nabal [literalmente, "homem de Belial"], porque, como o denota o seu próprio nome, é um insensato, e a loucura [*nebalah*] está com ele" (1Sm 25, 25). Ela persuade Davi a não lançar mão de vingança contra Nabal, que talvez pensasse ter prevalecido por causa de sua arrogância; mas logo depois, quando Nabal dá um banquete digno de um rei e tinha o coração alegre, estando completamente ébrio, Abigail conta a ele como Davi reteve suas forças, e "seu coração gelou-se no peito e ele tornou-se como uma pedra", caindo morto dez dias depois (1Sm 25, 36-38).

Tal tipo de tolo não é estúpido demais para enxergar a verdade, nem teimoso o bastante para se voltar contra a verdade; ele é, antes, um ingrato que desdenha da verdade. Assim ouvimos falar de Israel na última canção de Moisés antes de morrer: "É assim que agradeceis ao Senhor, povo frívolo e insensato [*nabal*]? Não é ele teu Pai, teu Criador, que te fez e te estabeleceu?" (Dt 32, 6). E a ingratidão e o desdém do tolo são confirmados em seus atos: "Porque o insensato [*nabal*] profere loucuras [*nabalah*] e seu coração dá-se ao mal; comete impiedades, forma sobre o Senhor conceitos errôneos" (Is 32, 6).

O tolo que diz em seu coração "Não há Deus" não é estúpido demais para enxergar a verdade, e não tão obstinado que não possa admitir que está errado. Ele é ingrato. Algo falta nele, e não é o cérebro. É o senso de dever ou o reconhecimento por um presente. E é exatamente aqui que vemos mais claramente a loucura de nosso tempo, a mentira que diz "não há Deus". Pois todo o mundo ocidental é um grande nada, um solo seco e infértil, sem a chuva civilizadora da crença no Deus das Escrituras. É ser um tolo como foi o filho pródigo, que imaginou poder ter a riqueza do pai sem o pai (Lc 15, 11–32). Ele gastou sua herança até não ter mais nada, e foi reduzido a alimentar os porcos imundos de algum cidadão anônimo de um país distante, que não significava nada para ele e para quem ele não significava nada. O filho pródigo desejou que seu pai estivesse morto, e é por isso que ele exigiu sua parte da herança. O pai, sem dúvida, sentiu-se muito ofendido e deu ao jovem o que ele pedia. Tanto o Céu como o Inferno são coisas pelas quais pedimos; o Céu é verdadeiro e o Inferno é falso, não no sentido de que não existe, mas no sentido de que é um autoengano, um golpe que damos em nós mesmos.

Mas se você mata o próprio pai, não pode receber a herança. Não o digo no sentido de que você tenha apunhalado o coração de seu pai; mas você pode apunhalar seu próprio coração. Vejamos outra palavra do versículo: "Diz o insensato em seu coração: 'Não há Deus'". O que é o *coração* [em hebraico *leb, lebab*]? Devemos amar o Senhor com todo o nosso coração, alma, mente e força (Dt 6, 5), e isso sugere que o coração ainda é o que nós, em nossa língua, sentimos que é: o núcleo de nosso ser, o centro de nossa vontade e nossa devoção. Por que o tolo diria isso "em seu coração"? Ele é devoto da noção de que Deus não existe? O que significa dizer algo dentro do próprio coração? Talvez exprima um tipo de paixão, uma profundidade, um compromisso, de modo semelhante a quando o Senhor "disse em Seu coração" que nunca mais amaldiçoaria a terra por causa do homem, já que "os pensamentos do seu coração são maus desde a sua juventude" (Gn 8, 21), encerrando o assunto; ou como quando a estéril Ana, no templo do Senhor em Siló, falava "no seu coração", clamando pela ajuda de Deus com tamanho fervor em sua oração que seus lábios se moviam, mas nenhum som saía deles, levando o sacerdote Eli a pensar que ela estava bêbada (1Sm 1, 13). Talvez também implique em privacidade e sigilo, como quando Esaú, tendo sido enganado por seu irmão Jacó, tramou vingar-se dele e "disse em seu coração" [*b'libbo*]: "Virão os dias do luto de meu pai, e matarei meu irmão Jacó" (Gn 27, 41).

E pode implicar não apenas sigilo, mas também dissimulação ou uma autoconfiança tola que jamais se ousaria exprimir em palavras. É por isso que Moisés, vez após vez, admoesta os filhos de Israel a que não atribuam a si mesmos suas vitórias: "Não digas no teu coração: 'A minha força e o vigor do meu braço adquiriram-me todos esses bens'" (Dt 8, 17). Ele também os adverte contra a crença de que Deus os recompensou por sua justiça, como se dissessem em seu coração que "Por causa de minha justiça é que o Senhor me introduziu na posse dessa terra" (Dt 9, 4). Desse modo, o mais tolo dos tolos não sente nenhum dever para com Deus, mas se vangloria muito de si mesmo. Ele é como o homem rico da parábola de Jesus, gordo e satisfeito consigo mesmo, que diz: "Derrubarei os meus celeiros e construirei maiores; neles recolherei toda a minha colheita e os meus bens. E direi à minha alma: ó minha alma, tens muitos bens em depósito para muitíssimos anos; descansa, come, bebe e regala-te. Deus, porém, lhe disse: Insensato! Nesta noite ainda exigirão de ti a tua alma" (Lc 12, 8–20). A palavra grega para *insensato* aqui é *aphron*, alguém que não se dá ao trabalho de pensar — um idiota, poderíamos dizer. E, ainda assim, tal homem se congratula por sua perspicácia e ponderação. Não há tolo maior que um tolo sofisticado e cercado pelas próprias riquezas.

Consideremos outra vez o que deve acontecer na alma do tolo *ingrato*. Se você observar o que os antigos mestres faziam quando pintavam as três Graças, verá o que o poeta Spenser diz sobre o tema: as Graças não aparecem todas voltadas para o mesmo lado, mas duas estão voltadas para nós e uma está voltada para longe de nós, para o lado contrário, para mostrar "é preciso perder alguns bens para depois obtê-los mais copiosamente".² Mas o que o homem pode dar a Deus? No mínimo, as mesmas coisas que o inferior dá ao superior, ou que o destinatário de um presente dá a quem presenteia: gratidão. A gratidão é, por sua natureza, gratuita, tão gratuita quanto a própria graça. Ela compartilha a graça da dádiva. Torna o homem mais parecido com Deus. Se você for ingrato, pois, não prejudicará aquele que presenteia; prejudicará a si mesmo. Isso é verdade mesmo no que se refere a presentes dados e recebidos entre humanos. "Quão doloroso, mais que as presas da serpente", grita Lear, "é ter um filho ingrato!"³ Que coisa estranha, porém, é a presa da serpente cuja mordida mais mortal aflige a própria! É impossível ser ingrato sem causar danos imediatos a si mesmo, nas profundezas do próprio ser. A humanidade de Macbeth começa a se desfazer a partir do momento em que ele decide não aceitar as dádivas do Rei Duncan (incluindo sua elevação ao condado de Cawdor) como presentes, mas sim como degraus para sua ambição. "Ouso fazer tudo o que convém a um homem", diz ele à sua esposa, talvez desejando ser persuadido do contrário. "Quem fizer mais é que deixou de sê-lo".⁴ Suas palavras são verdadeiras. Ele precisa tornar-se menos do que um homem para fazer mais do que convém a um homem fazer. A ingratidão o desfigura e o desumaniza. Se isso é verdade no caso de um conde e de um rei, é infinitamente mais verdade no caso do homem e de Deus, pois o homem deve tudo a Deus: sua vida, sua natureza, sua própria existência.

E o que ganhamos nessa barganha?

Em *O homem eterno*, G. K. Chesterton observou que a primeira coisa que aconteceu depois que os gregos começaram

---

2 *The Faerie Queene*, Livro 6, 10 / 24.9.
3 *Rei Lear*, Ato 1, Cena IV, 290–291.
4 *Macbeth*, Ato 1, Cena VII, 46–47.

a cultuar o natural como se fosse divino foi que eles também começaram a se afundar no antinatural: "Qualquer rapaz que tenha tido a sorte de crescer são e simples em seus devaneios de amor ficará, ao ouvir pela primeira vez sobre o culto a Ganimedes, não apenas chocado — mas enojado".[5] E, de fato, agora temos pais que aceitam esterilizar e castrar seus próprios filhos na busca de um *eu* supostamente "autêntico" que só a criança conhece, enquanto os homens mais sábios já vistos pelo mundo tremiam diante da possibilidade de afirmar conhecerem a si mesmos. Ao perdermos Deus, será a perda da razão um bônus? C. S. Lewis ensina, ecoando as palavras de Jesus, que, se você buscar primeiro o Reino de Deus e sua justiça, receberá a Terra em acréscimo (Mt 6, 33); mas, se você buscar primeiro os bens terrenos, perderá uns e outros: "Aspire ao Céu e terás a Terra de 'lambuja'; aspire à Terra e não terá nenhum dos dois".[6] Ou, como diz Jesus, em palavras misteriosas e terríveis: "Ao que não tem, se lhe tirará até o que tem" (Mc 4, 25).

O homem não está simplesmente em uma jornada. *Estar a caminho* pertence à sua natureza essencial: *homo viator*. Assim que ele se contenta com algo menor do que a glória suprema de Deus, começa a perder sua própria humanidade. Ele pôs um teto sobre sua cabeça. Dante teve a feliz ideia de colocar o Purgatório como uma ilha montanhosa cercada pelas águas do grande oceano ocidental, exatamente nas antípodas do Calvário em latitude e longitude.[7] As almas do Purgatório se esforçam sempre para subir e, à medida que são purificadas de um vício capital após o outro, escalam a montanha, e a escalada lhes parece mais fácil à medida que avançam. O cone da montanha aponta para o céu, para o que está além do homem — como devem fazer todas as coisas verdadeiramente humanas, sob pena de voltarmos a cair na condição da besta bruta ou da matéria inanimada.

---

5 Cap. 8, "O fim do mundo".
6 *Cristianismo puro e simples*, cap. 10, "A Esperança".
7 *Purgatório*, canto IV, 76–84.

Em contraposição, considere a situação das almas no Inferno, que, reunidas nas sombrias margens do Rio Aqueronte, escutam o brado do barqueiro Caronte: *Non isperate mai veder lo cielo* — "Abandonai do céu o anelo!".[8] Não se trata apenas do fato de que eles nunca entrarão no Céu. Pois o Céu onde Deus habita não é o céu acima de nós. Esse céu, esse céu corpóreo, diz Santo Agostinho, também podemos chamar de "Terra", já que é apenas parte do universo físico que Deus criou.[9] E quando o peregrino Dante alcança a esfera celestial suprema, sua guia Beatrice lhe diz que ela "outro lugar não tem / que na Mente Divina".[10] Portanto, ela é mais real, porque não sofre nenhuma sombra de mudança; ela circunscreve todas as esferas inferiores; não é circunscrita por nenhuma delas, mas é cingida, existencialmente e intelectualmente, por Deus.[11] Não, as almas condenadas nunca entrarão lá. Mas as palavras de Caronte expressam, de forma franca e claustrofóbica, o que isso significa. Elas jamais voltarão a ver um céu, nem mesmo o céu terrestre acima de nós. Nunca mais verão uma única estrela.

O que elas verão? Nada além do espaço confinado de seu histórico e de seus pecados. É isso que diz o herege materialista Farinata, quando Dante lhe pergunta por que os condenados parecem ser capazes de vislumbrar um pouco do futuro, mas nada do presente. É porque da glória do Céu lhes chega uma luz débil, mas, quando as coisas se aproximam, saem do alcance dessa luz; assim a percepção dos eventos desaparece de sua consciência. Diz ele: "E podes compreender que toda morta / nossa mente será desde o momento / em que se feche do futuro a porta".[12] Naquele momento, disse-lhe Virgílio, o guia de Dante, as tampas que agora estão encostadas nos túmulos abertos dos hereges não o estarão mais:

---

8 *Inferno*, canto III, 85 (trad. Italo Eugenio Mauro).
9 *Confissões*, l. 10, 2.
10 *Paraíso*, canto 27, 109–110.
11 *Paraíso*, canto 27, 114.
12 *Inferno*, canto 10, 106–108.

> *Já serão todos fechados*
> *quando de Josafá eles revierem*
> *co'os corpos seus lá em cima antes deixados.*[13]

E isso pode muito bem representar todas as almas que perderam Deus: seu destino é ter acima de suas cabeças uma placa de pedra lisa a selar seus túmulos. Nenhum céu, nem mesmo uma estrela, nem este céu azul e suas lindas nuvens; nada além de matéria, e ao fim de tudo apenas matéria sem o espírito de Deus que habita, vivifica e dá sentido ao mundo: um beco sem saída.

Quantos foram os substitutos que tentamos colocar no trono de Deus, quantos foram os destinos que pretendemos que satisfizessem nosso coração! Talvez algum dia cheguemos a Marte, que então descobriremos ser apenas outra Terra. "Fugimos de nós mesmos, de quem é impossível fugir". Foi alguém nas Escrituras que disse isso? Não; foi Lucrécio, o filósofo e poeta materialista.[14] E ele tinha razão ao dizer isso, embora não tenha tirado a conclusão correta, ou — melhor dizendo — a conclusão correta nunca lhe tenha sido proposta. Rejeitamos o ouro do verdadeiro e único Céu, aquele que Deus nos oferece se elevarmos nosso coração a Ele em amor, e aceitamos pó em troca. Será que importa a cor do pó ou sua origem? "O que é essa carne?", diz o cínico Bosola, numa crise moral, em *A Duquesa de Malfi*, de John Webster. "Um tanto de leite coalhado, uma massa podre fantástica... mais fraca do que as armadilhas que os meninos fazem para capturar moscas; mais desprezível, sendo a nossa destinada a alimentar os vermes".[15]

O pó é pó, e tudo ao nosso redor é pó, a menos que o vejamos à luz do Deus que nos criou não para o pó, mas para Ele mesmo.

---

13 *Inferno*, canto 10, 10–12.
14 *Da natureza das coisas*, livro 3, 1065.
15 Ato IV, cena 2.

Segunda mentira
Não existe uma verdade moral objetiva

"Se Deus não existe", diz Ivan Karamazov, um ateu cuja consciência pesa em razão da descrença, "então todas as coisas são possíveis". São palavras terríveis, que voltarão à sua mente para atormentá-lo; porque seu meio-irmão, o bastardo Smerdiakov — este patronímico, por sugerir um *mau cheiro*, é apropriado para Smerdiakov, que foi engendrado pelo pai de Ivan numa mendiga idiota chamada Lizaveta Smerdiastchaia[16] — o ouve e tira a conclusão adequada. Smerdyakov mata o velho Karamazov, seu pai e de Ivan, e insiste que este ato contou com a aprovação e até mesmo com a cumplicidade de Ivan.

Estou bem ciente, repito, de que as pessoas que não acreditam em Deus geralmente acreditam em leis morais. Elas não são todas como Smerdiakov, em *Os Irmãos Karamazov*, de Dostoiévski, ou como o energicamente maligno Piotr Verkhovenski, em *Os Demônios*, que planeja usar o prometido suicídio de um colaborador para promover sua causa socialista. Elas podem até acreditar em leis morais imutáveis. Mas nego que tenham uma justificativa razoável para acreditar em tais leis. E então essas mesmas leis morais começam a escorrer como água por entre seus dedos. É difícil ver algo desaparecer; é difícil agarrar a evanescência;

---

16 "Fedorenta" — NT.

não apenas esquecemos como esquecemos que esquecemos. O mesmo acontece com a evanescência de nosso senso de verdade moral.

Auxiliares modais

Começarei examinando o que queremos dizer com o auxiliar modal *shall*.[17]

Claramente, não denota algo que já existe. Ou será que sim? Gosto muito do início de uma lista de provérbios do inglês antigo: *Cyning sceal rice healdan* — "Um rei governará um reino".[18] Em um sentido, a máxima simplesmente descreve o que qualquer um pode ver, assim como o mesmo poeta diz, mais adiante, *Fisc sceal on waetere / cynren cennan* — "Um peixe na água / verá seus semelhantes" (28–29). Isso é simplesmente o que os peixes fazem. Portanto, esta máxima é uma tautologia ou uma questão de observação comum e bom senso. Mas a palavra *shall* (*deve*) não pode ser tão facilmente manipulada. Mesmo o rei, afinal de contas, não é um rei apenas porque governa seu reino; ao contrário, por ser um rei, ele *deve* governar seu reino. O poeta atribui o mesmo tipo de obrigação moral a homens que não são reis: *Til sceal on ethle / domes wyrcean* — "Um homem bom em sua terra natal / deve fazer julgamentos" (21–22).

Shall é a palavra crucial em todo o poema, e, se presumirmos que o poeta sabia muito bem o que estava fazendo, podemos interpretar sua gama de significados de duas maneiras. Uma delas é que o poeta estabeleceu suas adesões morais em meio às suas observações naturais, de modo que, com considerável força irônica, ele talvez nos exorte a fazer o que é certo, assim como os peixes nadam na água e os

---

17 É a forma e tempo verbal que aparece nas traduções inglesas dos mandamentos, por exemplo, equivalente ao tempo futuro utilizado em português: "Thou *shall* not kill", isto é, "não matarás". Atesta um dever moral, ao mesmo tempo que gramaticalmente parece prever o futuro que prescreve — NT.

18 *Maxims* II.

pássaros voam no ar. A outra é que ele vê as leis morais como fundamentais, observáveis, realmente existentes; assim como os peixes nadam, também

> *Geongne aetheling sceolan*   *gode gesithas*
> *byldan to beaduwe*   *and to beahgife.*
>
> Bons companheiros devem educar   o jovem senhor
> para lutar no campo   e dar anéis como recompensa.
> (15–16)

Não sejamos esnobes aqui. Se você descartar o escriba anglo-saxão, porque ele era um escrevinhador de enigmas em um mundo de névoas e crepúsculo intelectuais, você também descartará Confúcio, no brilhante meio-dia da antiga civilização chinesa: "Em casa, um jovem deve exibir as qualidades de um filho; no exterior, as de um irmão mais novo. Ele deve ser prudente, mas sincero. Deve ter caridade em seu coração para com todos os homens, mas associar-se apenas com os virtuosos".[19] O modo de expressar as virtudes — coragem, dever, beneficência — será diferente de lugar para lugar, de acordo com as circunstâncias e as exigências da vida que lhes dão forma, mas em sua essência elas permanecem o que são, brilhantes como as pedras preciosas. Confúcio e o escriba anglo-saxão se entenderiam. Somos nós que eles achariam difíceis de entender.

Como cruzar esse abismo entre o que o poeta vê fazerem os peixes e os pássaros, os ursos, os javalis, as árvores, as névoas, as nuvens, o vento e a luz do sol e o que um homem bom faz? O poeta negaria que existe um abismo a ser atravessado. Ele apelaria para a natureza, assim como Confúcio, Lao-Tsé ou os antigos estoicos. Não é uma boa objeção dizer que esse apelo é geral, e não específico, pois a dificuldade raramente está em reconhecer os princípios gerais da verdade moral. Como devemos ser é uma coisa; outra coisa é o que disso se depreende que devemos fazer aqui e agora. Mas negar a

---

[19] *Analectos de Confúcio.*

verdade moral absoluta é negar que haja qualquer sentido nas afirmações sobre *como devemos ser*, independentemente das circunstâncias. Tratarei mais tarde das tentativas dos amoralistas moralizadores de salvar o modal *should* (*deveria*). Por enquanto, observo que o poeta anglo-saxão vê Deus atuando tanto no modo como as coisas naturais são quanto no modo como as pessoas racionais e dotadas de livre-arbítrio deveriam ser:

> *Tungol sceal on heofenum,*
> *beorhte scinan, swa him bebead Meotud.*
>
> Uma estrela no céu
> brilhará intensamente, como Deus lhe ordenou.
> (49–50)

Não devemos pensar aqui que Deus emite uma ordem que é extrínseca à estrela, obrigando-a a se comportar como faz. Deus criou a estrela e a lei que ela obedece; as estrelas brilham porque é isso que as estrelas fazem, e existem estrelas porque Deus as criou. Os homens bons são bons porque fazem o que os homens bons fazem — e sim, eu sei que aqui está uma circularidade com a qual teremos de lidar; os homens bons cumprem as ordens de Deus, que os fez de modo a prosperar com a bondade, pois os homens são feitos à imagem de Deus. Os mandamentos morais de Deus não devem ser considerados como extrínsecos à nossa natureza, aplicados de fora, como se Deus precisasse dar partida em cada estrela. As leis às quais as estrelas obedecem foram criadas por Deus; se você deixar de lado essa questão, podemos dizer que não há distinção entre a estrela e a lei estelar.

Sob a coerção de quem?

Por que *deveríamos* amar nosso semelhante, que tão frequentemente não é amável, e às vezes é até prejudicial para nós? Consultemos o maior gênio literário que já existiu, aquele que mais profundamente enxergou as estranhas cavernas do coração humano. Estou falando de Shakespeare, é claro, e refiro-me aqui à sua peça O *Mercador de Veneza*.

Pórcia, disfarçada como um jovem advogado, revisou o contrato que o agiota Shylock fez com seu inimigo Antonio. Este último tem alguns hábitos que agora nos fariam enrubescer. Ele habituara-se a chutar o judeu, cuspir nele e chamá-lo de vira-lata. No caso presente, não está totalmente desprovido de razão. Shylock tem se aproveitado dos jovens cristãos que gastam seu dinheiro irresponsavelmente, como costumam agir os jovens em busca de diversão, fazendo-lhes empréstimos sobre os quais cobra juros com os quais se poderia literalmente enforcá-los. Mas Antonio empresta dinheiro de graça, diz Shylock, rosnando, porque isso "diminui / a taxa de usura nesta Veneza".[20] E é Antonio, e não Shylock, o mercador de Veneza que dá nome à peça. A distinção é importante, pois é o comerciante, e não o agiota, que assume riscos extravagantes, mas socialmente produtivos, colocando tantos de seus bens no mar, onde eles podem cair nas mãos de piratas, perder-se numa tempestade ou até mesmo às portas do seu destino, se o navio se chocar contra as rochas da terra para onde está navegando. É Antonio, e não Shylock, que também precisa depender de uma grande rede de leis e costumes que mantêm a honestidade das pessoas. Naquela época, não havia telefones e computadores, e só depois de muito tempo ele receberia notícias sobre seus bens, supondo que os relatos fossem confiáveis. O sistema de comércio internacional e bancário em que Antonio opera é garantido menos por exércitos ou por decisões judiciais ineludíveis por uma pessoa determinada, mas por uma aceitação comum e interna do que é certo e errado, independentemente do benefício individual imediato. Isso incluía uma rede de "fatores" — isto é, agentes que, se tivessem a intenção de fazê-lo, poderiam roubar até suas ceroulas.

---

20 Ato I, cena 3.

De qualquer forma, Pórcia concluiu que os termos do contrato estão vencidos e que, pela lei de Veneza, Shylock tem o direito de cortar uma libra da carne de Antonio, onde e como quiser. Vamos estipular que Shylock se considera um homem cumpridor da lei e que, apesar de sua ameaça à vida de Antonio, ele nunca violou intencionalmente uma única lei de Veneza (nem Antonio, se isso importa), e nunca o faria. Se a justiça consistir em seguir a lei escrita, ele é justo. Ele diz que sua casa é "sóbria",[21] embora, para sua filha Jessica, ela seja um "inferno",[22] porque o que a define não é nem o amor nem a bondade, mas um legalismo estreito. Ele fica feliz em saber que o resultado do contrato é o que ele planejou, mas Pórcia tenta fazer com que ele veja algo além do vínculo.

— Deve então o judeu ser misericordioso — diz ela.
— Sob a coerção de quem? Isso eu pergunto — diz Shylock.[23]

Sob a coerção de quem?

Voltarei à cena em breve. Nesse meio-tempo sugiro que, no tocante ao reconhecimento da lei moral, o homem tem apenas algumas alternativas intelectuais.

Primeiro, ele pode negar sua existência.

O que acontece, então? Temos a anarquia, ou o choque das coerções em massa. Os homens são aptos para o autogoverno na medida em que restringem suas paixões e as direcionam corretamente, mas se não reconhecerem que a palavra *justo* tem um sentido duradouro, encontrarão motivos para fazer o que quiserem; e quem os contestará? O roubo de um homem é a redistribuição de renda de outro. O adultério de um homem é a liberação do desejo sexual reprimido de outro. O vandalismo de um homem é a expressão artística de protesto ou rebelião de outro.

Obviamente, não podemos viver dessa forma. A civilização depende de que inúmeras coisas sejam pressupostas:

---

21 Ato II, cena 5, 36.
22 Ato II, cena 4, 2.
23 Ato IV, cena 1, 181–182.

por exemplo, de que os carros na pista contrária permanecerão em seu lado da estrada. Quando eu era menino, todos pressupúnhamos que ninguém roubaria o carro de ninguém, e por isso muitas vezes os adultos deixavam as chaves lá mesmo, por conveniência. As crianças circulavam livremente pela cidade, porque todos tínhamos por certo que ninguém as machucaria. Uma vez reconhecida, a lei moral gera pessoas livres.

Porém, onde a lei moral não é reconhecida como lei, os passos começam a ceder sob os pés, os cabos do elevador começam a se desgastar, o policial parece menos um amigo do que um soldado mercenário de uma terra estrangeira e cada casa que seu filho talvez visite é um possível bordel ou casa de horrores. Não há mais confiança. É a situação descrita por Hobbes: guerra de todos contra todos, em que a vida do homem é, em sua famosa frase, "solitária, pobre, sórdida, embrutecida e curta".[24] Hobbes deduziu essa visão da "condição natural" não da experiência direta de uma tal existência, mas do terrível colapso da lei e da decência comum ocasionado pela Guerra dos Trinta Anos e, do lado literário ou imaginativo, de especulações sobre como era o homem pré-histórico e pré-civilizado feitas pelo antigo poeta Lucrécio. Os homens, dissera Lucrécio, fizeram um pacto comum de não ferir uns aos outros, mantendo as mulheres e as crianças a salvo, como era justo.[25] Mais tarde, eles descobriram as artes da guerra, e cada homem entrou em conflito contra todos os outros, até que

> alguns homens mostraram como fazer magistrados
> e nomear tribunais — pois queriam viver em obediência a leis.
> Cansados de viver pela força bruta, exaustos
> pela falta de amizade, os homens, por sua própria vontade,
> preferiram submeter-se a leis rígidas e a tribunais.[26]

---

24 *Leviatã*, Primeira Parte, capítulo 13.
25 *Da natureza das coisas*, 5, 1020.
26 *Da natureza das coisas*, 5, 1140–1144.

Tais elementos, para Lucrécio, eram eficazes não porque promulgassem a lei moral, mas porque faziam nascer o medo da punição. Nada fizemos além de transferir a força do indivíduo para o Estado, que então assume a prerrogativa de prescrever o que será "moral" e o que não será. Hobbes viu a questão com bastante clareza, embora tenha chegado à conclusão errada. A condição humana em sua época recusava qualquer pacto meramente local de imunidade mútua. Havia muitas pessoas fazendo muitas coisas. Isso exigia um governo em grande escala, seu chamado "Leviatã": o Estado deificado, capaz de submeter todas as vontades individuais à sua autoridade e organizá-las para fins comuns. Assim, o homem compra sua paz ao preço de sua liberdade.

O Estado funciona à base da coerção. Não pode ser de outra forma. E, no entanto, a coerção será tão menos eficaz quanto mais distante estiver de seu objeto, e quanto mais humano for seu objeto. A coerção exige um tipo mecânico de ação, reduzindo aquele que age e aquele que sofre a ação a um sistema formado por forças e resistências quantificáveis — e, de fato, é nesse tipo de universo que Hobbes supõe que vivemos, já que ele concebe os seres humanos como se fossem átomos de vontade e poder, e portanto aptos a serem dirigidos, canalizados, obstruídos ou neutralizados. Até mesmo James Madison conservava mais do que um traço dessa maneira mecânica de pensar quando tentou justificar a Constituição Americana dizendo não que ela poderia unir as pessoas, mas que colocaria cada força contra uma força oposta, neutralizando ambas como engrenagens que se movem de forma a travar-se mutuamente. Muito bem; eu posso construir uma rede de engrenagens, rodas, alavancas e braços para girar uma pedra de moinho e moer o milho até virar pó. Mas o homem rejeita uma redução como essa. Ele está além de qualquer sistema. Madison compreendia isso, creio eu, e jamais sugeriu que o mecanismo político que ele e os redatores da Constituição inventaram *deveria* funcionar, *deveria* produzir justiça e promover o bem comum. Antes, pensavam eles, tal sistema era algo capaz de dar aos americanos uma boa chance de fazê-lo por si mesmos.

Gostaria muito que mantivéssemos essa distinção em mente. Do mesmo modo, você pode fazer a coisa quase mecânica e obrigar crianças a irem à escola, mas não pode obrigá-las a fazer a coisa humana, que é aprender. Ou, se puder obrigá-las a aprender um tanto — ameaçando-as com testes —, não conseguirá obrigá-las ao amor pelo aprendizado, porque o amor, por sua própria natureza, não pode ser obrigatório, senão que só em liberdade pode ser ofertado.

O Estado, por funcionar à base de coerção, só poderá fracassar em tarefas cuja meta seja gerar amor, tarefas que o amor facilita; um romance organizado pelo Estado será tão provável quanto uma admiração ordenada pelo Estado. O Estado pode ameaçá-lo com a prisão se você cometer um crime, mas o Estado não pode lhe proporcionar o maravilhamento diante de uma lei moral, a menos que esse mesmo Estado reconheça que é inferior à lei moral; e mesmo assim, o Estado está longe de ser o agente certo para algo que deve ser eminentemente pessoal.

A qualidade do romance, da admiração ou da apreciação da beleza da lei moral, poderíamos dizer, seguindo a deixa de Pórcia, "não é coagida" — ou seja, não é matéria de imposição, de força. Qualquer tentativa de forçar o florescimento humano fracassará. Mas esse fracasso dará ao Estado um motivo para tentar mais, cada vez mais, a um custo maior e intrometendo-se mais em assuntos que não são de sua alçada. O que já foi um impulso inicial e relativamente benigno de coerção — obrigar os cidadãos a mandar os filhos à escola até certa idade — agora é um vasto e incompreensível emaranhado de coerções que determinam o que deve constar nos livros didáticos, qual deve ser a atitude dos professores em relação a perversões sexuais incipientes observadas em seus alunos, qual deve ser a proporção de meninos e meninas nos esportes coletivos, de quais certificados os professores precisam e como devem obtê-los, e assim por diante.

As escolas pregam, nesse sentido, algo que resulta em mais poder para as escolas: uma incoerente combinação de relativismo moral, uma vez que se supõe ser ofensivo dizer que esta ou aquela ação (geralmente sexual) é errada, e uma obediência compulsória aos modismos sociais atuais que enfraquece as pessoas sob o ponto de vista moral e as torna, portanto, mais dependentes do Estado. Um dos resultados amargamente irônicos é um tipo de segregação que as pessoas de nações outrora cristãs nunca conheceram antes. Em um grupo, encontramos pessoas que ainda defendem a verdade moral objetiva, ou cujas circunstâncias e dons naturais tornam possível ou proveitoso, para elas, conter a luxúria e a ira. Essas pessoas mantêm algo parecido com a decência moral e, portanto, conseguem barganhar seu caminho nesse mundo de coerções. No outro grupo, encontramos os moralmente confusos, ou aqueles cujas tendências naturais os levam à luxúria e à ira, cujas energias são indisciplinadas e precisam de muita instrução e disciplina. Esses, cada vez mais, cairão pronta e terrivelmente no caos. A acadêmica cuja cabeça está lotada de feminismo não é a maior vítima dos efeitos destrutivos desta ideologia. Ela vive bem, embora sob as coerções do Estado que aceita docilmente. Mas suas irmãs, que com maior urgência precisam da lei moral e com mais urgência precisam da força de uma vida familiar intacta, não vivem tão bem. E elas vivem em lugares muito diferentes. O infortúnio — um fracasso em grande parte engendrado pelo Estado — faz com que ela e outras pessoas (que enxergam apenas os efeitos locais da ação e não suas premissas ou seus efeitos de longo alcance ou amplamente estendidos) incitem o Estado a agir mais, o que piora as coisas, até que o último fio de liberdade se esgote e, como diz o poeta Sidney sobre um desejo adúltero que não pode levar a nada de bom, "como um moscovita nascido escravo, / dou à tirania sofrida o nome de louvor".[27]

---

27 *Astrophil and Stella*, 2, 10–11.

Posso acrescentar, também, que uma lei moral reconhecida tende a restringir o Estado e a fundamentar o que ele faz naquilo que seus cidadãos aceitam facilmente. Assim, um Estado que me cobra impostos para dragar um porto, porque todos nós aceitamos facilmente que o comércio é bom, é menos tirano do que o Estado que me cobra impostos para financiar um exército que servirá, não para proteger minha nação, mas para promover pelo mundo "valores democráticos" vagos e duvidosos e, muitas vezes, incompatíveis com as culturas que tais valores alterariam, viciariam ou destruiriam. Os deveres morais cedem seu lugar e são substituídos por objetivos políticos e por uma tomada de poder maior e mais ampla. Negue a lei moral e, mesmo que você se contenha — porque tem bom gosto, talvez, ou por causa de bons hábitos cujos fundamentos não se preocupou em investigar —, acabará sendo menos um cidadão do que um funcionário, uma ferramenta, um objeto, uma engrenagem em uma máquina, um escravo.

O homem prático

A segunda possibilidade é que o homem reduza a lei moral à pragmática. Esse comportamento é o que geralmente se chama *utilitarismo*, embora exista desde os dias de Epicuro e seus seguidores. Epicuro acreditava que o principal objetivo da vida era evitar a dor e buscar o prazer. Como valorizava mais a paz da alma e os prazeres da mente do que os prazeres do corpo, ele preferia a licenciosidade sexual à monogamia romântica — assim como seu promotor mais renomado e inteligente, o poeta romano Lucrécio. Se você precisar de alívio sexual, diz este último, é melhor obtê-lo por meio de uma noite rápida com uma prostituta, em vez de se tornar infeliz com o amor. Você deve "correr atrás de uma prostituta de rua e se curar", pois o sexo sem amor é melhor, já que "traz o bônus sem o ônus".[28]

---

28 *Da natureza das coisas*, 4, 1062, 1065.

É difícil ver como se poderá construir, com base nessas premissas, um sistema moral adequado para pessoas livres, em virtude da vasta gama de coisas que agradam a alguns e não agradam a outros, coisas que muitas vezes são incompatíveis entre si e que envolvem bens incomensuráveis. Em todo sistema utilitarista será preciso contrabandear alguma moralidade objetiva e, então, devemos quebrar a cabeça para descobrir como justificar os bens contrabandeados conforme requisitos estritamente utilitaristas, *ex post furto* — após o fato, *após o roubo*. Vamos admitir, por exemplo, que é bom para uma criança pequena ter um ursinho de pelúcia. De fato, será um bem um bilhão de vezes maior que um bilhão de crianças tenham um ursinho de pelúcia cada uma. Mas, se você pudesse obter esse imenso bem através da tortura de um único ser humano, você não o faria — mesmo que a tortura não resultasse em lesões permanentes. Não é suficiente dizer que você rejeita o princípio da tortura, pois, em um sistema utilitarista, nada pode ser rejeitado por princípio, e muitas vezes é necessário que pessoas particulares sofram, abram mão de alguma coisa boa ou neguem a si mesmas algum prazer para garantir um bem maior para um número maior de pessoas. Também não é suficiente dizer simplesmente que permitir a tortura nesse caso cria um precedente maléfico para a sociedade, uma vez que não se afirma que a tortura é boa; presumivelmente, ela é ruim, mas, nesse caso, o que ela tem de ruim é superado pelo bem maior do bilhão de ursinhos de pelúcia. Este precedente — de que o que chamaríamos *ação objetivamente má* pode ser justificada por seus resultados circunstanciais imaginados ou observados — já faz parte da fórmula utilitarista.

A escritora de ficção científica Ursula K. Le Guin ilustrou esse ponto em seu conto *The Ones Who Walk Away from Omelas*, no qual retrata um paraíso perfeito de hedonismo e bondade, onde homens e mulheres se oferecem sexualmente a outras pessoas de ambos os sexos, onde não há sofrimento nem guerra e, quando você quiser morrer, ou quando ficar doente e a morte estiver próxima, sempre haverá uma pílula disponível para fazer a transição sem dor e sem sofrimento. Mas acontece que todo esse prazer depende de que uma criança seja mantida na sujeira e na miséria. Quando atingem a maioridade, todos em Omelas devem ver a criança de cuja agonia dependem. Supõe-se que isso aprofunde seu apreço pelo que têm, mas, diz Le Guin, eles são uma espécie inferior, menos sábia do que aqueles que vão embora e deixam para trás esse paraíso hedonista. Não sei se Le Guin via as coisas dessa forma, mas acredito que a criança deve ser sempre um agente irritante no mundo utilitarista. A criança não tem utilidade econômica imediata. Se ela sofrer de alguma deficiência mental ou física, será um constante e inevitável dreno de recursos. "Três gerações de imbecis são suficientes", escreveu o utilitarista Oliver Wendell Holmes Jr., juiz da Suprema Corte, em sua opinião majoritária no caso Buck *vs*. Bell (1927), concedendo ao governo o poder de exigir a esterilização de pessoas com deficiência mental *contra sua vontade*. Seria bom termos em mente o dito de Cristo, que vira todos esses sistemas de cabeça para baixo: *a menos* que nos tornemos como criancinhas, não entraremos no Reino de Deus (Mt 18, 3).

Como, então, preservar uma sociedade na decência sem acreditar na existência real da lei moral? Podemos fazer o que fazem filósofos como John Rawls e recuar um passo, imaginando o que nunca existiu: que os seres humanos, antes de qualquer sociedade, com os olhos vendados em relação ao seu próprio ganho ou perda individual, tenham se reunido para estabelecer as regras do jogo social, regras que seriam justas para todos e que resultariam, também nessa hipótese, no bem maior para o maior número de pessoas. Além do fato de que os costumes humanos progridem através de lentas tentativas e erros, o que está acontecendo aqui é novamente um contrabando, um apelo à lei moral sem que sua existência seja reconhecida. Por que deveríamos ser "justos"? Percebe-se que a *injustiça*, uma busca franca pelo poder, oferece mais chances de resultar em conquistas gloriosas, como as da Roma antiga. Tudo depende de como você avalia o que é bom ou ruim. Poderíamos dizer que os alicerces da Roma Antiga foram lubrificados com o sangue de escravos. Para mim não está claro como é que o utilitarista, que tantas vezes escolhe negar a lei moral objetiva para salvaguardar seu ateísmo, poderia nos obrigar a concordar, em seus próprios e muito limitados termos, que um agradável campo inglês com muitas vacas e ovelhas é mais desejável do que os inebriantes, brilhantes, cruéis e magníficos circos e arenas da Roma Antiga.

A maneira mais direta — não a mais importante, nem a melhor — de refutar o utilitarismo é em seus próprios termos, demonstrando que ele é uma autocontradição performativa, uma inutilidade para as pessoas que o aceitam. Considere o ser humano comum. As palavras do oráculo de Delfos se aplicam a ele: "Conhece-te a ti mesmo". Isso porque ele não conhece a si mesmo. Ele não sabe o que quer, nem o que ama, muito menos o que deveria querer ou amar. Ele é, em seu próprio caso, um juiz totalmente indigno de confiança. Se for um homem escrupuloso, ele se vincula a padrões inatingíveis, e as pessoas muitas vezes o enganam, aproveitando-se de sua consciência inquieta, enquanto as pessoas menos escrupulosas simplesmente seguem em frente e fazem o que querem. Mas a pessoa comum não enxerga a si mesma e seus motivos. "Como ousas dizer a teu irmão", diz Jesus: "'Deixa-me tirar a palha do teu olho', quando tens uma trave no teu?" (Mt 7, 4). Essas pessoas são hipócritas, diz Jesus, e esta palavra significa algo um pouco diferente do que supomos. Eles, nós, somos atores. Eles, nós, somos os astros em um drama do eu.

E o astro sempre pode encontrar um bom motivo para o que faz, mesmo que "bom" e "ruim" se refiram ao que lhe satisfaz acreditar que são os resultados prováveis, e não à bondade ou maldade inerente de uma ação. Essa é uma das razões pelas quais as boas intenções pavimentam o caminho para o Inferno. Quando estamos justificando o que *queremos* fazer, olhando para suas consequências e não para seu caráter interno, amontoamos previsões cândidas umas sobre as outras; o que é meramente possível se torna provável, o que é provável se torna certo, e até mesmo as impossibilidades, ou coisas apenas teoricamente possíveis mas nunca vistas na história humana, se tornam não apenas possíveis, mas desejáveis, e a própria estranheza do objetivo se torna outra justificativa, porque o supomos tão grandioso. "Sonho com coisas que nunca existiram", disse George Bernard Shaw, ao mesmo tempo que se esforçava por justificar a União Soviética, o regime mais opressivo e desumano que já existiu na Terra, ao menos até que Mao Tsé-Tung superasse Stálin, "e pergunto por que não". Note como Shaw dava tapinhas nas próprias costas e se vangloriava de sua perspicácia ao dizer isso.

Em sua autobiografia, *Chronicles of Wasted Time*, Malcolm Muggeridge relembrou o dia 23 de agosto de 1939, quando o Pacto Molotov-Ribbentrop foi concluído, selando a aliança da União Soviética e da Alemanha nazista para a divisão da Europa. É claro que a esquerda secular há muito protestava, dizendo em alto e bom som que não havia nada em comum, nadica de nada, entre os dois Estados malignos. Muggeridge, que enxergava além da arrogância e da pregação ideológica, entendia de outro modo:

> De certa forma, eu já esperava esse desenvolvimento; nunca perdia a oportunidade de dizer que o bolchevismo e o nacional-socialismo eram a mesma coisa, exceto pelo fato de um ser uma versão eslava e o outro, teutônica. Por que, então, eles não se uniriam? Minha primeira reação ao seu efetivo alinhamento foi uma temível alegria. Pensei com alegria na confusão no escritório do *Daily Worker*, onde precisaram achar um líder para dizer que a guerra santa contra Hitler, que eles vinham exigindo com tanta veemência, deveria agora ser considerada uma guerra imperialista, cujo desencadear deveria ser evitado a todo custo. Pensei na angústia em Cross Street, Bouverie Street e Long Acre, pelo fato de surgir agora uma tão grande brecha na frente comum contra o fascismo que eles vinham defendendo.[29]

---

29 *The Infernal Grove*, "The Iron Gates", pp. 344–345

Angústia? Eles viraram a casaca num piscar de olhos. O próprio Muggeridge, pensando melhor no assunto, concluíra que isso aconteceria. Afinal de contas, foi Muggeridge quem relatou em 1933 o desastre, a fome em massa, o absoluto desperdício de conhecimento, talento e capital cultural representado pela socialização das fazendas na Ucrânia. Milhões de pessoas morreriam, e aqueles que ousassem se manifestar contra o experimento, se não fossem executados, seriam enviados para viver como prisioneiros políticos em *gulags* distantes. Seu relatório mudaria a opinião dos ideólogos? Dificilmente. Muggeridge sabia que seus relatórios lhe custariam o emprego, o que de fato aconteceu. O que os verdadeiros convertidos poderiam dizer? Sempre haverá algum motivo para que algo do tipo dê errado. Quando o fracasso o confronta, alguma combinação de má sorte e má vontade dos oponentes soa plausível para qualquer utilitarista que julga suas ações conforme os resultados intencionados, não conforme a bondade ou maldade inerente à natureza da ação. Ou ele pode adiar para um vago momento futuro o ponto em que deveremos determinar seu sucesso ou fracasso e, assim, em vez de duvidar de suas premissas e até mesmo da pureza de suas intenções, ele exige cada vez mais tempo, cada vez mais dinheiro, cada vez mais flexibilidade no senso moral das outras pessoas; justamente por causa do fracasso. As escolas americanas funcionam dessa maneira; é assim que, a cada fracasso incontestável, elas se tornam cada vez mais ambiciosas, irresponsáveis e monstruosas. Se o feminismo tende a tornar as mulheres jovens infelizes, impacientes com seu próprio sexo e ingratas com o outro, então o que precisamos é de mais do mesmo, mais e mais. Não há fracasso capaz de ensinar nada a quem dispõe de todo o tempo do mundo e muito dinheiro.

Julgando a árvore

"Pelos seus frutos os conhecereis", disse Jesus. "Uma árvore boa não pode dar maus frutos; nem uma árvore má, bons frutos" (Mt 7, 16 e 18). O fariseu Gamaliel, discutindo entre os anciãos judeus sobre o que deveriam fazer com a nova seita de judeus que estava seguindo Cristo, parece recomendar o mesmo roteiro e o mesmo critério de julgamento. "Não vos metais com estes homens. Deixai-os!", disse ele; "Se o seu projeto ou a sua obra provém de homens, por si mesma se destruirá; mas se provier de Deus, não podereis desfazê-la" (At 5, 38–39).

Estariam eles nos incentivando a ter uma visão utilitarista do bem e do mal?

De modo algum. A árvore é boa não por causa do fruto que produz, e a nova crença em Cristo será de Deus não porque não pôde ser desfeita. A causalidade funciona na outra direção. Como a árvore *já é boa*, ela produz bons frutos e, se a nova crença for de Deus, ela não será destruída. A ordem do ser procede do bem inerente para boas ações e bons resultados, embora a ordem do julgamento *possa, às vezes,* proceder dos resultados para sua fonte ou produtor. Afinal de contas, Jesus não diz que a única maneira de julgar uma árvore é pelo fruto que você percebe neste exato momento, nem Gamaliel chega perto de sugerir que a vontade de Deus depende dos resultados ou que o que vem de Deus deve sempre se manifestar como tal de maneira clara e imediata. Afinal, como ele bem sabia, os judeus haviam sido perseguidos com frequência, sua grande cidade havia sido destruída e eles haviam sido arrastados para o cativeiro na Babilônia.

Mas vamos examinar essa questão de perto. Escondidas nas sombras de todo esquema utilitarista estão as suposições sobre o que é bom e o que é mau *per se*, e não segundo a circunstância ou seu uso. John Stuart Mill precisou tentar salvar o utilitarismo por meio de uma classificação hierárquica dos prazeres, exaltando (como o próprio Epicuro fizera) os prazeres da mente acima dos prazeres do corpo. Ora, sempre podemos encontrar razões plausíveis para fazer isso. A mente vai mais longe do que o corpo. A mente tem um desenvolvimento mais amplo do que o corpo. A mente, e não o corpo, é o que nos separa dos animais. Mas não está claro, de forma alguma, que somos obrigados a preferir a mente ao corpo. Aristipo (ca. 435–356 a.C.), o hedonista seguidor de Sócrates, parecia fazer o inverso e gostar muito disso; e, embora não recomendasse a seus seguidores os prazeres inebriantes da crueldade, ele se mostrou satisfeito na qualidade de apoiador do tirano Dionísio de Siracusa. Portanto, se quisermos afirmar que uma pintura de Rafael é um bem maior do que uma noite de devassidão, apelando para um sistema independente de classificação, estaremos tentando beber o nosso vinho de Falerno e guardá-lo também. E, de fato, a maioria das pessoas, se for treinada para uma rejeição utilitarista dos valores absolutos, simplesmente não saberá por que deveria preferir beber, por exemplo, a água limpa ao sangue.

Mas, ainda assim, é verdade que princípios malignos se traduzem em ações malignas e resultados desastrosos, embora estes possam ser temporariamente ocultados pela riqueza e pelo poder, como atualmente acontece, ao que me parece, nos Estados Unidos. E é verdade que bons princípios geram boas ações e saúde, embora estes também possam permanecer ocultos por algum tempo e aos olhos daqueles cujo discernimento está prejudicado pela pobreza e pela falta de poder político, como de fato ocorreu com muitos cristãos da Antiguidade, no Império Romano antes de Constantino. Muitas vezes, podemos empregar uma ordem de julgamento que parte dos resultados evidentes para os princípios e o ser, não apenas para julgar conforme os resultados, e não apenas para verificar se certa coisa é boa ou ruim desde o princípio, mas para começar a ver o *porquê de ela ser o que é*. Quando fazemos isso, nos afastamos totalmente do utilitarismo.

Por incrível que pareça, é o próprio Lucrécio quem nos dá uma dica. O atomista declara que, quando seus princípios estão incorretos, você será como alguém que tenta construir uma casa com um esquadro de carpinteiro desalinhado, um fio de prumo torto e uma régua curva. Pequenos erros nos princípios resultam em erros terríveis nos resultados. O telhado cai, as paredes se dobram, o piso entorta. Mas isso se deve ao fato de que os princípios estavam *errados* em si mesmos.[30]

A palavra inglesa *wrong* é muito sugestiva. Ela pertence a uma categoria de palavras com uma única raiz indo-europeia, *wer-*, relacionada aos atos de girar e torcer: *wring, wrest, wrap, warp, wire, writhe, wrinkle, wry, wrath* (o rosto contorcido de um homem irritado), *wreck, wrist* e assim por diante. O que é torto se rompe. Um homem corcunda não consegue andar direito. O erro moral é como uma viga deformada, uma parede inclinada. Sua casa pode não cair amanhã. Mas seus próprios princípios estão distorcidos na direção do fracasso e da destruição.

Suponhamos dizer que o princípio do feminismo é radicalmente individualista sem que a maioria das próprias feministas o reconheça como tal, já que ele postula que o bem de cada sexo é separável do bem do outro e, portanto, rejeita a família como célula fundamental da sociedade, colocando o indivíduo em seu lugar. As primeiras feministas, como Charlotte Perkins Gilman, em *Herland*, podiam imaginar utopias feministas floridas em que os homens e as mulheres se amariam ainda mais pelo fato de não haver diferença significativa entre eles e por não haver qualquer dependência de um em relação ao outro. É difícil entender como alguém poderia realmente acreditar que isso aconteceria. Eros, diz Platão, tinha uma ascendência ambígua; ele era filho tanto da Abundância quanto da Penúria[31] e, embora não estivesse pensando nas relações entre homens e mulheres, poderia muito bem estar, uma vez que os sexos são feitos *um para o outro* exatamente por causa de suas *desigualdades*, de suas diferenças. O homem nunca poderá gerar ou amamentar uma criança; e a mulher, independentemente da existência de uma excepcional amazona

---

30 *Da natureza das coisas*, livro 4, 513–521.
31 *Banquete*, 178.

aqui ou ali, nunca poderia ter começado a construir toda a vasta rede de estruturas ao nosso redor com a qual contamos irrefletidamente, cuja construção exigiu não apenas a força total de homens adultos saudáveis, mas também uma alta tolerância ao risco, a se colocar no caminho do dano ou da morte. Às mulheres, nem teria ocorrido tentar fazer isso. Uma mulher é capaz de coisas enormes no caso imediato de que um de seus filhos esteja diretamente ameaçado; mas, fora isso, ela fará tudo o que puder para proteger do perigo a si mesma e à sua prole. E é correto e bom que ela o faça.

Segue-se que qualquer sistema ou princípio social que negue as diferenças gritantes entre homem e mulher ou sua interdependência urgente é construído sobre uma inverdade. O princípio está *errado*, como o poste torto ou a viga curvada. Ele não pode sustentar a casa. De fato, não a sustentou: nem mesmo as feministas afirmam, neste momento, que os homens e as mulheres se amam mais do que nunca, ou que os lares estão mais fortes e as crianças mais seguras. Quando a casa ruir, algumas pessoas chegarão à conclusão racional de que havia algo errado com sua estrutura fundamental; com a régua, o nível e o prumo usados para construí-la, ou com os materiais usados — em vez de pedra, areia. A maioria das pessoas em nosso tempo, temporariamente protegidas (para seu próprio dano) por nossa riqueza, dirá o contrário: que é perfeitamente bom viver em cima do entulho. As mulheres que criam meninos sem pais tendem a criar fracotes, alguns dos quais se inclinam eroticamente para outros homens em seu anseio pela afirmação masculina que deveria ter vindo naturalmente de seus genitores. Muitas dessas mulheres, indiferentes à confusão e ao sofrimento totalmente desnecessários, preferem dizer que é um *bem* positivo ter criado um homem que não é homem, e se parabenizam por isso. Mas as pessoas que mantêm algum senso de certo e errado devem ser levadas a reexaminar os princípios, a semente, e ver o erro inicial e fatal.

Força de massa

"Os secularistas não conseguiram destruir as coisas divinas", disse Chesterton, "mas eles destruíram as coisas seculares, se isso lhes serve de consolo".[32] Ao tentar com tanto afinco refutar o arbítrio divino, eles negaram que exista algo como o arbítrio humano, para que a existência de um arbítrio genuinamente livre não levasse alguém a concluir que deve haver no mundo algo mais do que o determinismo das bolas de bilhar colidindo entre si. Eles não destroem a ortodoxia, diz ele, mas "destroem a coragem política e o bom senso". O fato é que as pessoas entrarão em desespero ou se voltarão para algo, qualquer coisa, em que acreditar, para depositar sua esperança. A *qualquer coisa* em questão raramente será criação da própria pessoa. Pois uma fé em Deus, ou uma crença e uma adesão consciente a uma ordem moral objetiva, pode dar a um homem a força para resistir à atração da ação das massas (que, mesmo quando não é a loucura encarnada, é no mínimo suspeita) por tratar-se não das flores e frutos de uma cultura saudável, mas do resultado de um simulacro quase mecânico dessas coisas; o estado de massa ou, para usar o rótulo oximorônico de Gabriel Marcel, "sociedade de massa". Eu o chamo de oxímoro porque, na medida em que uma sociedade é caracterizada pela ausência de rosto, por números absolutos, por uma conformidade que nivela as distinções entre um lugar e outro e que tende a obliterar a memória — uma sociedade como os Estados Unidos atualmente — não é uma sociedade, mas uma coisa cujo nome ainda precisamos inventar, assim como a aglutinação de seres humanos vivendo dentro de certas fronteiras geográficas não é por si uma nação, mas outra coisa; algo para o qual não temos nome. E tal coisa, uma não-sociedade, é perigosa, diz Marcel, pois se presta ao impessoal, e o impessoal possibilita todo tipo de crueldade. Além disso, o

---

32 *Ortodoxia*, "O romance da Ortodoxia".

impessoal se opõe ao universal, ao chamado da inteligência e do amor. "As massas existem e se desenvolvem", diz ele, "exclusivamente num nível muito inferior àquele em que a inteligência e o amor são possíveis".[33] Ele não está falando sobre a classe trabalhadora, está falando de todos nós e da maneira como vivemos, na medida em que recebemos instruções e orientações dos mecanismos da sociedade de massa. Na verdade, esta seria totalmente entediante, não fosse pela atuação da propaganda, que nos empurra para um falso senso de moralidade e uma falsa vida, de modo que as massas são "a matéria-prima do fanatismo".

Não é tão difícil ver como a máquina de massa funciona: através de vários braços coercitivos que aplicam punições ou seduções; as escolas, a indústria do entretenimento, a mídia de massa e todas as entidades capazes de exercer poder pela força da repetição, implacável, quase inconsciente, como itens industrializados a correr numa esteira transportadora. Em quantas coisas devemos acreditar atualmente, se quisermos ser considerados boas pessoas! Que um homem pode se tornar uma mulher, ou uma mulher um homem, simplesmente por assim afirmar-se; que uma criança no útero é uma criança se a mãe assim a considerar, mas um mero aglomerado de células no caso contrário; que o mundo vai cozinhar em um inferno criado por nós mesmos, a menos que façamos *alguma coisa*, coisa esta que pode empobrecer inúmeras pessoas dependentes de gasolina e petróleo para suas necessidades diárias; que a coisa mais importante na vida é seguir seus sonhos e ser você mesmo, conquistar grandeza e glória e uma casa muito maior do que você pode pagar ou do que qualquer pessoa realmente precisa; que os professores, e não os pais, são os aptos a julgar, talvez os únicos juízes corretos, o que e como uma criança deve aprender; que é melhor deixar o atendimento médico por conta do estado centralizado; que sua liberdade depende de que possa satisfazer qualquer apetite sexual que tenha, desde que conte com o consentimento

---

33 *Os homens contra o humano*, prefácio.

de seu parceiro no crime; sem dúvida, há muitas outras coisas que não tenho tempo para citar. Muitas dessas ideias são simplesmente ridículas: nem as cirurgias mais radicais que inventamos, quanto mais uma declaração verbal, podem mudar o sexo de um ser humano. Outras são pura especulação. Às vezes, temos muitas esperanças, que muitas vezes resultam na esperança por desastres; de modo que, por exemplo, se alguém publicar um relatório sugerindo que o aquecimento da Terra não é grave e provavelmente não é prejudicial à vida no planeta, mas possivelmente o contrário, muitas pessoas ficarão desapontadas, assim como muitas feministas se ressentem ao ouvir que sua avó, uma mulher tradicional em todos os sentidos, foi mais feliz do que ela, e que o marido a tratava muito bem.

Essas pessoas desmoralizadas — uso a palavra em dois sentidos: como pessoas com o moral baixo, isto é, sem ânimo, e também como pessoas a quem foi negado o conhecimento da lei moral que liberta os homens — sentem que não têm um "eu", a menos que consigam afirmá-lo, em voz alta e por meio de ameaças que são, em espírito, suicidas ou homicidas. Por isso são elas, e não eu, que dizem que, se lhes negarmos seus mundos fantásticos e criados por eles mesmos, estaremos cometendo "genocídio", mesmo que não tenhamos a intenção de encostar um dedo nelas, pois são tão vulneráveis! Tudo deve proceder de acordo com os ditames do eu, mas, como diz Marcel, "*nunca* é do eu que sai a luz", embora o ego esteja sempre pronto para se impulsionar, pois "o ego é essencialmente pretensioso".[34]

Agora, se não quisermos ser levados pela correnteza dos fenômenos de massa, precisamos ter um princípio forte que não dependa desse rio; que ao julgá-lo lhe seja, de fato, superior e contrário. Esse algo não pode vir do eu, porque é no eu que está o problema. Não podemos alcançar a moralidade pela via de nosso pensamento, pois é habitual usarmos nossas mentes para justificar o que já escolhemos fazer, assim como

---

34 *The Universal against the Masses*, II.

não pensamos claramente quando nossas paixões estão em jogo; e esse problema se torna especialmente grave com a onipresente Máquina Imagética acesa e piscando para nós, a todo momento e em todos os lugares públicos. A pessoa mais propensa a flutuar passivamente — embora talvez não de forma tranquila e agradável — enquanto se orgulha de sua independência é aquela para quem as seguintes palavras não fazem sentido: "Esse tipo de ato é mau, independentemente de quão bom lhe pareça, independentemente do que todos estejam dizendo sobre ele e independentemente dos resultados que você acredita que ele lhe trará. É *algo errado*, simples assim, e nenhuma circunstância ou pressão da opinião popular pode torná-la correto." Assim, é possível ter, na mesma pessoa, alguém que diz que todas as visões morais são "socialmente construídas" e, portanto, relativas e subjetivas, e alguém que se mostra completamente intolerante se alguém parecer *se afastar do destino* para o qual a força dos fenômenos de massa leva a grande maioria de seus concidadãos. E devemos ser bem claros quanto às carteiras que engordarão com isso. Como diz Chesterton, "As *regras* de um clube, às vezes, favorecem o sócio pobre. As tendências de um clube sempre favorecem o rico".

Ninguém, creio, diria conscientemente que deseja ser formado totalmente pelos caprichos da mídia de massa, do entretenimento e da educação, e que sua ambição de infância é enriquecer os ricos ainda mais ao fazê-lo. No entanto, isso é inevitável para quem abre mão da verdade moral objetiva. Tal pessoa será arrastada. Afinal de contas, ela não tem nenhuma meta objetiva, e não terá forças para atingir qualquer meta pessoal minimamente contrária ao fluxo da correnteza. Para entender o motivo disto, voltemos a Pórcia e Shylock.

Não por coerção, mas por amor

Quando Shylock pergunta a Pórcia por que ele *deve* ser misericordioso, está pensando na lei instituída. Ele sabe que tem isso a seu favor. De acordo com as leis de Veneza, seu contrato é bom, e Antonio terá de ceder a libra de carne que Shylock planeja arrancar dele, o mais perto possível do coração. É claro que estamos aqui em um domínio próximo ao dos contos de fadas, mas o assunto não é esse. Devemos conceder ao dramaturgo seu mundo imaginativo, porque ele quer nos mostrar algo sobre lei e justiça, misericórdia e amor, que se aplica não apenas à sua Veneza fantástica, mas a todas as comunidades humanas.

Aqui entra em colapso a tentativa de reduzir a lei moral ao que por acaso dite a lei positiva num determinado lugar e época. Nos julgamentos de Nuremberg, dizer que estavam apenas seguindo a lei não serviu como justificativa para nenhum dos réus. Eles foram condenados por crimes contra a humanidade porque havia, oposta e sobreposta à lei dos nacional-socialistas, a lei moral, absoluta e universal; e era essa lei que eles deveriam seguir, ainda que assim pusessem suas vidas em risco. No mínimo, eles deveriam negligenciar tanto quanto possível as ações que promovessem o regime fora da lei. O que Shylock está tentando fazer é maligno. Ele também não pode alegar como desculpa o fato de Antônio ter-lhe feito ofensas. Está demandando a vida de um homem bom; está demandando a vida de seu companheiro na viagem entre o berço e a sepultura.

As pessoas que não se apegam a absolutos morais encontrarão maneiras de atuar dentro dos limites da lei instituída, como cupins; encontrarão meios de fazer o que quiserem, bem como justificativas, que nunca estão distantes. Você pode dizer-lhes que, se todos se comportassem como eles, a ordem social desmoronaria. Eles poderão então responder que isso não é assunto do indivíduo, mas do Estado. Você pode tentar resgatar a lei moral, como Immanuel Kant faz em sua *Fundamentação da Metafísica dos Costumes*, por meio de um movimento duplo. Você diz que a característica determinante do homem é a razão, e observa que a razão é de aplicação universal e que ela não depende dos caprichos e erros da investigação empírica. Portanto, quando você age, deve agir com uma razão — é o que Kant chama de *máxima*. Essa máxima deve ser independente das especificidades de seus sentimentos, de sua situação e dos benefícios que tal ação supostamente pode lhe trazer. Um homem, diz Kant, nunca deve agir de tal forma que o princípio de sua ação, a máxima, não possa ser universalizado sem autocontradição, que é uma violação da própria razão. Assim, se você faz uma promessa sabendo muito bem que não pretende cumpri-la, sua máxima, se estendida a todos os homens, faria com que as próprias promessas nunca pudessem ser feitas, pois ninguém confiaria nelas. Você estaria serrando o galho *racional* no qual está sentado.

Mas isso é raciocinar como uma calculadora, não como um homem. A contradição, se nosso assunto se resume à avaliação racional, não o prejudica no ato imediato. Você sempre pode serrar o galho no qual quem estaria sentado é algum posterior descumpridor de promessas, sem deixar de se safar, e isso basta para seus propósitos. Mas, mesmo que possamos dizer que é irracional fazer uma falsa promessa, isso não significa que você não deva fazê-la dessa vez, e certamente não significa que deva fazer mais do que evitar a irracionalidade na aplicação universal dos princípios do que você faz. Pois ver a lei moral como um mero conjunto de proibições é vê-la como um mau aluno vê a escola. Nada em tal visão atrai, inspira, leva à ação, floresce em atos gloriosos e belos. Kant consegue, na melhor das hipóteses, sugerir-nos uma razão descarnada para *não agir* de acordo com um conjunto bastante limitado de máximas falsas — máximas estas que ele pode identificar apenas porque, como um ser humano feito de carne e osso, já possui uma intuição da verdade moral.

Mas queremos agir, não ficar parados. Por isso, a resposta de Pórcia a Shylock deve nos levar da proibição ao convite, do medo das consequências imediatas da violação da lei ao desejo de sermos nobres e generosos, embora saibamos muito bem como seria desesperador se Deus nos julgasse tão severamente quanto a lei moral exige:

> Da graça[35] a natureza rejeita a coerção;
> derrama-se qual chuva gentil que vem do céu,
> caindo sobre a terra. E é dupla a sua bendição:
> abençoa quem dá, bem como quem recebe.
> Quanto mais poderosos, mais poderosa é;
> assenta bem aos reis, mais que qualquer coroa:
> o cetro exibe a força do poder secular,
> atributo que é de majestade imensa
> donde nasce o temor devido ao soberano;
> mas a graça se alça acima de seu cetro:
> está entronizada no coração dos reis,
> sendo do próprio Deus um predicado eterno.
> De Deus a potestade imita o rei terreno
> que com misericórdia tempera sua justiça.
> Por isso, sendo justo, judeu, o que demandas,
> leva em conta o seguinte: se tanto exigimos,
> ninguém se salvará. Só por misericórdia,
> em preces, nós clamamos. E a mesma oração
> ensina a quem a faz quão bom é espalhar
> misericórdia e graça.[36]

A misericórdia não pode ser obrigatória sem deixar de ser misericórdia. O desejo de nosso coração é, ou deveria ser, não apenas evitar fazer o mal, mas aproximar-se do bem, abraçá-lo e amá-lo. Dessa forma, a misericórdia abençoa tanto quem dá quanto quem recebe, pois faz com que o doador se assemelhe cada vez mais ao monarca do trono, e até mesmo ao próprio Deus. Se o salmista, ao deitar-se em sua cama, medita sobre a lei de Deus, não é como um conjunto de proibições, mas como uma dádiva: São *dabarim*, isto é, declarações de Deus ao Seu povo, a quem Ele ama; e é o seu amor por esse presente incomparável que torna o salmista, como ele diz, mais prudente que seus mestres.

Vemos que o problema do bem e do mal não pode ser separado do problema do coração humano. Pois, como diz São Paulo, "Não faço o bem que quereria, mas o mal que não quero" (Rm 7, 18). Nosso coração está dividido contra si mesmo. Mesmo que vejamos o que é o bem, não o desejamos

---

35 No sentido de misericórdia.
36 *O mercador de Veneza*, Ato IV, cena 1.

plenamente, pois estamos apegados a algum bem inferior, ou porque nosso coração não bate suficientemente forte. Shylock deve, de alguma forma, ser movido a desejar um bem maior do que a vingança contra seu inimigo. Não sabemos quais serão seus desejos. Ele aponta uma arma contra a própria cabeça; a lei com a qual ele conta, interpretada literalmente, assim como ele interpretou a letra de seu contrato com Antonio, irá destruí-lo, a menos que ele comece a reconhecer um bem que transcenda a lei instituída. Esse é o sentido interno do fato de ele alegremente se tornar cristão no final da peça, em vez de morrer guardando a raiva contra seu inimigo. Talvez não nos importemos com o elemento de coerção contido na peça, mas Shylock é culpado de conspirar contra a vida de seu inimigo; ele é, pelo menos na intenção, um assassino. Do ponto de vista de Shakespeare, o agiota foi salvo de si mesmo, e abriu-se-lhe uma porta de misericórdia; uma porta para a vida eterna.

Não adianta dizermos, como Kant, que determinado gênero de ação é errado, a menos que sejamos levados a rejeitá-lo, a não gostar dele e até mesmo a detestá-lo. E o que leva o homem a agir, senão uma visão do que é belo? O belo não coage, mas, poderíamos dizer, impulsiona; não se impõe pela força, mas pela atração; não gera medo, mas prazer. Os gregos viam com bons olhos o *kalon*, "o bom", e também o "belo". Eles estão juntos ou não, tanto na essência quanto na ação prática. Mas o homem moderno engoliu a mentira tola de que não existe beleza e, como se para ratificar a mentira, foi em frente derrubando ou desfigurando uma bela igreja, um edifício público, uma composição musical, uma oração, um poema e um costume humano após o outro; e na maioria das vezes nem sequer tentou substituí-los. Vamos agora analisar essa mentira.

Terceira mentira
A Beleza não existe

> Quem disse que apenas ficções e cabelos falsos convêm ao verso?
> Não há beleza na verdade?
> George Herbert, *Jordan (I)*

> Beleza é verdade, verdade é beleza; isso é tudo
> que se sabe na Terra e que se deve saber.
> John Keats, *Ode on a Grecian Urn*

O ano é por volta de 1200. Você é um vitralista, um mestre-artista, e está trabalhando na janela lateral mais importante da Catedral de Notre-Dame em Chartres. Você tem em mente o conceito como um todo. Nossa Senhora — e as duas palavras têm, para você, o sentido completo: *Senhora*, não uma mera *mulher*, e *nossa*, porque concebe que o relacionamento com ela é profundamente pessoal e caloroso — aparecerá sentada em um trono, e em seu peito estará o Cristo Menino, olhando diretamente para o observador, com a mão direita erguida em sinal de bênção, enquanto na mão esquerda segura um livro aberto com as páginas voltadas para o observador. De alguma forma, você tem o dever de evidenciar tudo que se refere ao Cristo em sua arte, em suas deliberadas e delicadas escolhas. No caso presente, o bispo da diocese, o cônego e alguns eruditos amigáveis vieram em seu auxílio. Você sabe que a representação de Maria aqui não é como a Mãe das Dores, mas como a Sede da Sabedoria, pois em seu colo está

Cristo — como diz São Paulo, "força de Deus e sabedoria de Deus" (1Cor 1, 24). Por isso eles sugeriram o texto que aparecerá no livro aberto. É *Omnis vallis implebitur*: "Todo vale seja aterrado". Por quê?

Você é sábio o suficiente para ter uma forte noção disso, embora não leia latim. As palavras são de Isaías, de uma profecia triunfante e alegre de renovação, de conforto, do glorioso advento e reinado do Messias:

> Uma voz exclama: "Abri no deserto um caminho para o Senhor, traçai reta na estepe uma pista para nosso Deus. Que todo vale seja aterrado, que toda montanha e colina sejam abaixadas: que os cimos sejam aplainados, que as escarpas sejam niveladas!". Então, a glória do Senhor se manifestará; todas as criaturas juntas apreciarão o esplendor, porque a boca do Senhor o prometeu (Is 40, 3–5).

São, como você bem sabe, as palavras que João Batista usou para identificar a si mesmo e sua missão, quando os fariseus de Jerusalém lhe perguntaram quem ele era e o que estava fazendo, batizando pessoas no Rio Jordão e chamando-as ao arrependimento. Mas João não propagava a si mesmo. Ele sempre aponta para Cristo, pois há um que virá, disse ele, "e eu não sou digno de lhe desatar a correia do calçado" (Jo 1, 27). Como você retrata esse Cristo, que é uma criança, mas que percorrerá o caminho do Calvário, que morrerá na cruz e ressuscitará no terceiro dia?

Como pode ver são questões teológicas e artísticas ao mesmo tempo. Algumas de suas escolhas são determinadas por você, pelos artistas com os quais você aprendeu, cujas obras entraram nas mentes e almas dos cristãos por muitos séculos. Então, a auréola sobre a cabeça de Cristo deve ilustrar quem Ele é, e isso significa que você verá a Cruz nela, o topo e os dois lados da viga da cruz sugerindo a Trindade, e sugerindo não apenas que Cristo será crucificado, mas que Ele é eternamente Aquele que se entregou pelos pecados do mundo: "Nós pregamos Cristo crucificado", diz São Paulo, "e não há outro Cristo para pregar"(1Cor 1, 23). É por isso que, embora os pés de Nossa Senhora estejam calçados com sandálias, você mostra descalços as mãos e os pés de Jesus. Esses, você sabe, serão perfurados pelos pregos. E você faz outra coisa. Quando alguém está sentado, as dobras de seu manto caem, geralmente, um pouco para um lado ou para o outro, e assim, como se você estivesse apenas retratando em vidro o que qualquer pessoa pode ver, você mostra o manto de Cristo se abrindo um pouco à Sua esquerda e à direita do espectador, de modo a mostrar uma porção maior do lado direito de Cristo; e esse é o lado que será perfurado pela lança.

Nossa Senhora, você diz a si mesmo, deve brilhar com beleza e inocência, mas como você pode mostrar o significado que ela possui de Sede da Sabedoria? Se você a retratasse olhando severamente para frente, ela seria inalcançável, como se sua sabedoria a tornasse inacessível. E, no entanto, é a essa Senhora que você e seus irmãos católicos pedem que rogue a Cristo em seu favor. Se você a fizesse olhar para baixo e para o lado, poderia estar sugerindo que é de si mesma, da profundidade e genialidade de seus pensamentos, que ela tira sua sabedoria. Em vez disso, ela olha para frente, com uma leve inclinação da cabeça e um leve sorriso nos lábios, convidando-o não tanto a olhar para ela, mas a olhar para quem ela está lhe mostrando: o Menino Jesus. Esse olhar é exatamente como o de uma mãe placidamente orgulhosa de seu filho; e, no entanto, o poder do olhar está em seu sentido transcendente. Pois Cristo não tem esse sorriso nos lábios. Ele olha para frente, em direção ao observador, e ligeiramente para cima, em direção ao Pai, com uma expressão sóbria na boca. Ele é o juiz, afinal de contas. No entanto, é um juiz misericordioso, e podemos perceber isso pelo fato, natural, de que Seu rosto se assemelha ao de Sua mãe, ou, na verdade, o rosto dela se assemelha ao d'Ele, já que Ele, o filho dela, também é o seu Criador.

Centenas e centenas de escolhas você faz! Esse incomparável par de cores azuis, um azul rico e um azul claro e semelhante a um véu, para as vestes de Maria; as cinco pedras preciosas incrustadas em sua coroa, esmeraldas simétricas em forma de diamante nas extremidades, rubis ovais e uma única safira em forma de diamante no centro, todas ecoando no rendilhado na borda interna de seu halo azul; os incensários dourados em correntes de prata acima de sua cabeça, ajudando a emoldurar sua figura, cada um segurado por um anjo em um painel que está dentro e fora da composição; o profundo e reconfortante verde-esmeralda, a cor da esperança, na auréola de Cristo e na borda de Sua vestimenta interna; o fundo vermelho-escuro do assento de Maria, que harmoniza e contrasta tão bem com as incrustações de flores azuis de oito pétalas que são como os "botões" onde o tecido é preso, oito flores visíveis, embora, se Maria se levantasse de seu assento, veríamos sete vezes três, ou seja, vinte e uma; a pomba branca, com leves toques de azul prateado, que é o Espírito Santo descendo diretamente do Céu sobre o trono, com três raios de luz azuis que partem simetricamente de um ponto diretamente abaixo do olho; é uma verdadeira fuga de luz e cor, de movimento e quietude, de forma e aparência.

Se alguém lhe perguntasse *por que* você queria que seu retrato de Maria e Jesus fosse bonito, você provavelmente franziria as sobrancelhas e se perguntaria se tinha ouvido direito. A beleza não precisa de justificativa. Seria como perguntar por que alguém quer sair ao ar livre sob o sol, ou por que alguém gosta de olhar para um rosto humano bonito. Essa pergunta não faz sentido. Mas também não faria sentido para você, o vitralista medieval, se alguém dissesse que o que você fez *não era bonito em si*, mas apenas que há pessoas que gostam de olhar para o que você fez — que ficam, aliás, encantadas ao vê-lo. Você se afastaria, perguntando-se se a pessoa estava gozando de pleno juízo, ou poderia responder que ela estava vendo as coisas de uma maneira errada. Não chamamos de belo aquilo que as pessoas gostam de olhar. Muitas pessoas na Roma Antiga gostavam de ver os leões despedaçando suas vítimas na arena, mas não diriam que isso é belo. Ao contrário: uma coisa, por ser bela, atrairá as pessoas a si, e muitas vezes *contra as outras inclinações* destas mesmas pessoas. O ateu que estiver na Catedral de Notre-Dame de Chartres será atraído pela magnífica beleza da arte e pelas grandiosas harmonias feitas em pedra e vidro, ao mesmo tempo que estas o farão sentir-se vagamente desconfortável, como se sua presença naquele lugar não conviesse.

Um mundo em um grão de areia

Denen die Gott lieben, muessen alle Dinge zum Besten dienen, lê-se na lápide do túmulo do titã da matemática moderna, Bernhard Riemann: "Todas as coisas concorrem para o bem daqueles que amam a Deus" (Rm 8, 28). Riemann era um homem devoto que via em seu trabalho matemático (que permanecerá frutífero por mil anos, aposto) uma forma de serviço a Deus. Ele trabalhava deixando-se guiar por intuições de beleza e ordem, descobrindo ou conjecturando um teorema e depois buscando uma prova. A beleza guiou a mente de Georg Cantor, contemporâneo de Riemann, conquanto mais jovem, que também era um luterano profundamente devoto. Devemos a Cantor a noção acima mencionada de que o conjunto infinito de números naturais (1, 2, 3 e assim por diante) pertence a uma ordem diferente (que Cantor rotulou como "álefe-nulo") do conjunto de números reais entre dois números quaisquer: o *"continuum"*, que Cantor rotulou como "álefe-um". Cantor acreditava que a prova da diferença de ordem entre eles lhe havia sido dada por Deus. Isso abalou a comunidade matemática; alguns matemáticos insistiam que, a menos que se possa fornecer um *exemplo* específico daquilo cuja existência se tenta provar, não faz sentido afirmar sua existência. Peço novamente a sua paciência, leitor: simplesmente não há como especificar todos os números em qualquer contínuo, pois se fosse possível especificá-los individualmente, estaríamos falando de um conjunto que corresponderia ao dos números naturais, 1, 2, 3 e assim por diante. Cantor entendeu que seu belo resultado tinha implicações profundas para questões relativas à existência de objetos infinitos e até mesmo para a existência de Deus.

Deixe-se guiar pela beleza e você será conduzido à verdade. Segundo a tradição, Pitágoras descobriu as relações matemáticas entre as notas musicais; um resultado belíssimo. Corte uma corda em dois comprimentos, um com a metade do comprimento do outro, e estique-os bem, prendendo-os nas duas extremidades. Se a corda mais longa emitir uma nota dó, digamos, a corda mais curta também emitirá a mesma nota, exatamente uma oitava acima. Há outras relações matemáticas entre outros pares de notas. Se a corda mais curta não tiver a metade, mas dois terços do comprimento da outra, ela emitirá uma nota sol, a chamada quinta ou dominante, em relação ao dó da outra. Sabemos agora que essas coisas acontecem porque o som se propaga como ondas e, se duas ou mais ondas tiverem frequências tais que suas cristas e depressões coincidam regularmente, perceberemos a combinação entre elas como uma combinação harmônica. Não será uma combinação caótica, como ventos contrários a açoitar a superfície de um lago, fazendo com que as ondas se choquem umas contra as outras — o "ruído" da água perturbada. Será como se você jogasse, num lago de águas quietas, duas pedras de tamanhos grandes o suficiente para produzirem ondulações que não simplesmente se contraporão, mas se fundirão em harmonia, aumentando sua potência somada. De qualquer forma, a forte relação entre a beleza na música e a beleza nos números entrou no imaginário ocidental e permaneceu ali por quase dois milênios, principalmente em razão da influência de *De institutione musica*, obra do polímata cristão Boécio (480–524) onde este afirma que as leis da música são a ponte entre os objetos geométricos que não mudam nem se movem e os corpos celestes que se movem. Se rejeitarmos o estudo da música — e, com isso, Boécio pretende abranger desde os sons que ouvimos até os movimentos das estrelas que não podemos ouvir —, dificilmente poderemos, segundo ele, ser chamados de amantes da sabedoria.

Assim, não apenas vemos o belo; o belo nos permite ver: "é na vossa luz que vemos a luz", diz o salmista (Sl 35, 10). Mais uma vez, citarei um exemplo matemático. Definimos um número primo como um número inteiro que não pode ser dividido por qualquer outro número inteiro sem deixar um resto (deixamos de considerar o número 1, que não divide nenhum número, mas o deixa intacto). Não é possível dividir 7 por qualquer outro número que não seja 7 sem que se deixe um resto. Assim, os primeiros números primos são 2, 3, 5, 7, 11, 13, 17, 19, 23, 29, 31, 37 e assim por diante. Há matemáticos que trabalham quase que exclusivamente com números primos, que têm aplicações estranhas e geralmente surpreendentes em toda a matemática. Eles são importantes até mesmo na criptografia, pois, se você multiplicar dois números primos surpreendentemente grandes, obterá um número que será quase impossível para outra pessoa "decifrar" em suas partes componentes. Alguns números primos ocorrem em pares separados por 2, como 11 e 13, e às vezes a diferença entre os componentes de tais pares é a menor possível (191, 193, 197, 199). Conjectura-se que o número de tais pares seja infinito, embora o fato ainda não tenha sido provado, e não sei se chegamos a conjecturar que o número de pares de pares seja infinito.

Sabemos que o número de primos é infinito e, se você me acompanhar com um pouco de paciência, apresentarei uma prova simples. *Suponhamos ao contrário.* A ser assim, deve haver um conjunto *finito* de N números primos {P1, P2, P3, ... Pn}. Agora multiplique todos esses números e some 1. O resultado é P1 × P2 × P3 × ... × PN + 1. Chame esse número de Q. Agora, está claro que nenhum dos números primos do suposto conjunto finito é divisor Q sem um resto: 1. Portanto, ou Q é um número primo ou Q é o produto de números primos que não estão nesse conjunto. Portanto, o conjunto de números primos não é finito. Portanto, ele é infinito e não existe o maior número primo.

Você pode fazer testes finitos dessa hipótese. Multiplique 2 × 3 × 5 × 7 × 11. O resultado é 2.310. Adicione 1: 2.311.

E, por acaso, 2.311 é um número primo. Multiplique 2 × 3 × 5 × 7 × 11 × 13. O resultado é 30.030. Some 1: 30.031. Esse não é um número primo. É 509 × 59, e esses números são primos.

Há muitas coisas nesse argumento que considero adoráveis. Diferentemente da análise de números acima, ele não envolve força bruta, apenas raciocínio claro. O raciocínio segue por etapas ordenadas e, embora o resultado pareça inevitável, ainda nos surpreende; ao enxergá-lo, podemos até sorrir e dizer: "Então é isso!" E o raciocínio em si, sua forma, *pode ser estendido a todos os domínios em que há apenas duas possibilidades, cada uma excluindo a outra.* Pois ou existe o maior de todos os números primos, o que equivale a dizer que o conjunto dos números primos é finito, ou não existe. Não há uma terceira possibilidade. Portanto, se você presumir que algo não existe e essa premissa conduz ao absurdo ou à autocontradição, o inverso dela *deve ser verdadeiro*. Essa é uma ferramenta poderosa: ela pode mover o próprio universo. Pois o universo ou é o trabalho criativo de uma mente inteligente, ou não é. Não existe uma terceira possibilidade, ainda que, se a primeira for a correta, essa mente inteligente pode ser incompleta ou ter se corrompido; essas possibilidades são logicamente, embora talvez não teologicamente, consistentes com a crença de que o universo é algo criado e não um acidente do acaso e da matéria casualmente surgida e de um punhado de leis físicas não-necessárias que a governam.

Já ouvi um grande cientista, que agora duvida de sua validade, dizer que a teoria da evolução de Darwin, na qual a seleção natural funciona como uma peneira e a mutação aleatória como um motor, era bela. Ele não quis dizer que ela agradava seu senso moral. Queria dizer que explicava toda a selvagem variedade da vida ao nosso redor, apelando para um número muito pequeno de fatos comumente observáveis, embora o ato de imaginação que fez o salto do fato para a teoria, entre o que se vê com os olhos e o que se vê com a mente, não fosse de forma alguma uma coisa comum. A força da teoria da evolução, enquanto teoria, é tamanha que ela obteve o domínio sobre a imaginação do homem ocidental, de modo que tomamos como certo que as sociedades "evoluem", deixando de lado costumes e leis que não funcionam em favor daqueles que funcionam, enquanto o homem se torna mais feliz, mais rico e mais sábio a cada geração que passa. E certamente não podemos dizer que a teoria está *totalmente errada*, mesmo quando aplicada além de seus limites legitimamente científicos. Pois existe algo como tentativa e erro, e se um costume social ou um sistema político for um óbvio e colossal fracasso, mesmo a humanidade acabará descobrindo e descartando-o em favor de outra coisa.

Voltarei em breve ao que *não é belo* na teoria, considerada apenas segundo suas propriedades estéticas isoladas da verdade científica. Mas ela nos revela algo sobre a beleza: que ela não é *superficial* e não está apenas nos olhos de quem vê. Sem dúvida, a experiência é subjetiva. Entendo que alguns de meus leitores não se comoverão com a beleza da pequena prova que apresentei sobre os números primos; assim como eu, que não entendo muito de futebol, posso não me comover com um drible feito por um jogador que desliza a bola com agilidade e escapa do adversário. Talvez eu veja, talvez até reconheça o que aconteceu, mas posso não ter ideia de como é difícil fazer isso e da destreza e habilidade com que o jogador o conseguiu. Da mesma forma, as pessoas podem olhar para a dramática pintura de Caravaggio que retrata a conversão de São Paulo, com o corpo de um enorme cavalo ocupando metade da tela, e confessar que é impressionante, mas sem saber o motivo pelo qual o cavalo está ali, ou o que há com o velho que puxa o cavalo pelo freio, sem aparentar ter noção de nada do que está acontecendo, inclusive o que houve com o Apóstolo, que está deitado no chão, de frente para um céu escuro, com olhos fechados e braços abertos em choque, terror ou epifania. Posso imaginar o clássico turista dizendo: "Olha, que coisa!", e parando para contemplar a pintura por um respeitável período de tempo, e ficando um pouco desconfortável, pois sabe que deveria estar mais profundamente comovido do que está e gostaria de saber mais, para que pudesse entrar mais profundamente no espírito da pintura.

Mas, mesmo que fiquemos estremecidos diante da obra, com as entranhas convulsas, o fato de experimentarmos a beleza assim interiormente não significa que não exista beleza objetiva para experimentar. Não dizemos que o amor não existe, embora ele seja conhecido subjetivamente e embora muitas vezes fiquemos confusos sobre o que é o amor e se o estamos sentindo ou se estamos apenas nos enganando. O amor existe; é um fato objetivo. O mesmo vale para a beleza. Existe algo que podemos ver e sentir e que atinge o âmago de nosso ser. O místico medieval Ricardo de São Vítor (†1173) diz que o amor é um olho: *ubi amor, ibi oculus*. Esse é o vislumbre crucial que anima seu estudo do poder cognitivo do amor (encontrado no duodécimo tomo de *Os doze patriarcas*). Não apenas amamos o que vemos; é o próprio amor que nos permite ver. Olhamos com grande avidez para o que amamos, para que possamos conhecê-lo mais profundamente; e quanto mais profundamente o conhecermos, mais percebemos sua beleza e mais o amamos. Antoine de Saint-Exupéry fez eco ao filósofo vitoriano no mais maravilhoso dos livros infantis, *O Pequeno Príncipe*. "Adeus", diz a sábia raposa ao Pequeno Príncipe, depois de terem "domado" um ao outro e se tornado amigos. "Eis o meu segredo. É muito simples: só se vê bem com o coração. O essencial é invisível aos olhos." Se você não ama alguém, nunca o conhecerá até o fundo de seu ser. A beleza é semelhante. Nós não vemos, sem mais, a beleza com nossos olhos ou com os olhos da mente; é a beleza que nos permite ver. Essa é uma de suas características mais cativantes e encantadoras: a beleza abre os olhos.

Isso acontece, em parte, devido a seu poder explicativo ou exemplar. Vamos nos voltar novamente para o grande vitral em Chartres. Não o acharíamos tão belo se fosse apenas uma colcha de retalhos de cortes sem forma e sem qualquer representação de objetos e pessoas. Também não o acharíamos tão belo se fosse exatamente como é, mas isolado, em vez de situado na catedral, ou seja, não situado na história completa de Cristo, do homem e de sua salvação. Cada objeto no vitral refere-se aos outros em uma intrincada rede de relacionamentos — quanto à forma, cor, sentido e ordem hierárquica. Se você entender por que o Menino Jesus não está olhando para Sua mãe, mas para nós, então será capaz de entender a mensagem do vitral como um todo, assim como todos os vitrais da nave lateral, a catedral inteira, toda a fé cristã. Se você entender por que Ele é uma criança neste caso, embora também exiba a expressão do Pantocrator (o soberano do universo), então estará aparelhado para entender por que Maria inclina a cabeça em um gesto de modesta submissão, e poderá começar a tocar as ironias mais profundas da fé cristã: a menos que se tornem como criancinhas, não entrarão no Reino dos Céus; os primeiros serão os últimos e os últimos serão os primeiros; a viúva com sua moeda pobre deu mais para o tesouro do que todos os ricos juntos; e que trabalhadores braçais — pedreiros, vidraceiros, carpinteiros, pintores, escultores e os menos capacitados, que construíam andaimes, acendiam fogueiras e transportavam pedras com roldanas e guinchos — foram libertados para erguer o edifício mais magnífico do mundo. A beleza é uma luz, e ela ilumina.

A propriedade que estou descrevendo aceita — *em parte*, não estando aí a totalidade da beleza, nem de longe — uma descrição matemática chamada autossimilaridade. Este nome quer dizer que a menor característica de uma coisa é estruturada tal como suas características maiores, e assim por diante, de modo que, se você der contemplar devidamente o pequeno, verá o grande. Assim, os pequenos pináculos que encimam os topos dos contrafortes na Notre-Dame de Paris se assemelham às grandes torres em si, e as nervuras entrelaçadas que emolduram as rosáceas são como as rosas na natureza: brotam com relações precisas entre cada anel de pétalas à medida que você se afasta do centro até a circunferência. Os arquitetos estavam bem cientes de toda uma série de proporções às quais atribuíam profunda importância teológica. Essas incluíam (mas de forma alguma se limitavam a ela) a chamada Proporção Áurea, perfeitamente autossimilar. Se você construir um pentágono regular e conectar todos os vértices, formará uma estrela de cinco pontas com outro pentágono dentro dela. Se você conectar os vértices do pentágono interno e estendê-los de modo que eles se encontrem com o pentágono externo, e continuar fazendo o mesmo tipo de coisa toda vez que vir dois pontos que possam ser conectados com linhas paralelas às bordas de qualquer um desses pentágonos, você fará um pentágono após o outro, ninhos e ninhos de pentágonos encaixados uns sobre os outros e dentro dos outros, e incontáveis triângulos — todos com as mesmas duas formas, exibindo essa característica única de que, em qualquer triângulo A cortado em dois outros triângulos B e C, a razão entre a área do menor C e a área do maior B será a mesma que entre a área do maior B e o triângulo A (soma de B e C). Você pode construir espirais fascinantes a partir dessas séries de pentágonos dentro de pentágonos — e por que não? Os arquitetos entendiam o poder do versículo das Escrituras que diz que Deus criou o mundo "por medida, número e peso" (Sb 11, 20). Ou, como diria o poeta Blake,

> Ver o mundo na areia, em um grão,
> e um paraíso no ramo que flora;
> ter o infinito na palma da mão
> e a eternidade em uma hora.[37]

Ou pense na *Divina Comédia* de Dante, dedicada à Santíssima Trindade e a Cristo, o Verbo de Deus encarnado. Dante sabia que dividiria a obra nos três reinos do além-vida: Inferno, Purgatório e Céu. Ou melhor, ele viu que Deus já havia criado o universo moral dessa forma, refletindo Seu Ser trino. Que tipo de métrica, então, seria a mais adequada para o poema de Dante? Ele inventou a *terza rima*, um sistema de tercetos interligados, com rimas entre

---

37 *Auguries of Innocence.*

o primeiro e o terceiro versos, enquanto o segundo verso rimaria com o primeiro e o terceiro do terceto seguinte. Eu poderia continuar por muito tempo descrevendo a arte com a qual Dante faz com que cada reino se assemelhe, ecoe, prenuncie ou cumpra os outros, de modo que você não entende realmente o *Inferno* até que tenha concluído sua jornada pelo *Purgatório* e pelo *Paraíso*. Não se trata, como no romance moderno, da necessidade de que certos arcos do enredo alcancem sua conclusão. É mais como se você estivesse diante de uma vasta tela com suas várias pessoas e histórias exibidas simultaneamente, e não apenas como se ocorressem em um único momento, embora separadas umas das outras, mas como se estivessem intimamente inter-relacionadas, de um ponto de vista que abarca o todo. Desta forma, uma obra de arte como *A Divina Comédia* ou como uma catedral medieval deveria refletir, embora de forma fragmentada e temporal, a visão eterna de Deus, que tudo envolve e tudo circunda, e de Sua criação como presente diante d'Ele naquele que Eliot chama de "o ponto imóvel do mundo a girar", onde está a dança.[38]

A beleza do particular

E, no entanto, a beleza não pode ser reduzida a leis abstratas. Estas podem ser belas, mas estão longe de esgotar a essência da beleza. Elas nos ajudam, principalmente, ao indicar o caminho que devemos seguir. Não pretendo sugerir que a flor de cinco pétalas seja bela porque é uma manifestação biológica da sequência de Fibonacci, mas sim que a sequência de Fibonacci de alguma forma reflete a beleza que encontramos na flor de cinco pétalas. Pois a beleza resiste a toda redução e a toda programação.

Para entender o porquê disso, podemos nos voltar para o que sempre qualifiquei como o mais belo objeto de

---

38 Quatro quartetos, *"Burnt Norton"*.

contemplação em todo o mundo físico. Ouçamos Milton, o poeta cego, dizer-nos do que ele mais sente falta, agora que seus olhos não enxergam mais:

> Assim, a cada ano
> volta cada estação, mas para mim não volta
> o dia, ou a doçura do correr dos dias:
> a imagem do florescer invernal ou da rosa veranil,
> ou dos rebanhos, da vida, do divino rosto humano.[39]

O "divino rosto humano": note como Milton instalou o rosto entre os parênteses de dois adjetivos, humano e divino, com o primeiro no centro do verso, porque o rosto humano é divino, sendo o homem feito à imagem de Deus. Não queremos dizer que o homem se pareça com Deus, como Hércules talvez se parecesse com seu pai Zeus, mas que o homem é inteligente, que seu ser é de natureza espiritual, orientado para o conhecimento de tudo o que existe e destinado não apenas a conhecer, mas a amar com um amor que pode ir além do afeto natural. O cão é fiel e, de fato, é o melhor amigo do homem, mas apesar de toda a sua bondade e lealdade, o cão não pode dizer: "Eu me entrego a você para sempre, aconteça o que acontecer", porque o cão não tem noção da passagem do tempo e não pode ir além do presente; nem adiante em antecipação e promessa, nem para trás com lembrança e consideração deliberadas. Quando olhamos um rosto humano, se toda a humanidade estiver presente, como no caso de um idoso marcado por uma vida de bondade e sabedoria, ou de amor e tristeza, estamos contemplando um mistério. É como se tivéssemos chegado ao limiar de um vasto mundo; um universo de sentido, não fechado em si mesmo, mas sempre aberto ao infinito, e ainda mais belo porque está destinado, nesta vida, a cair no esquecimento.

Creio que Darwin não pode nos mostrar como se realiza esse salto infinito do subumano para o humano: do macaco, um animal esperto, para o ser capaz de dizer, como o salmista:

---

39 *Paraíso Perdido*, canto 3, vv. 40–44.

> Quando contemplo o firmamento, obra de vossos dedos, a lua e as estrelas que lá fixastes: Que é o homem — digo-me então —, para pensardes nele? Que são os filhos de Adão, para que vos ocupeis com eles? Entretanto, vós o fizestes quase igual aos anjos, de glória e honra o coroastes (Sl 8, 4–6).

Simplificar é falsear. O ser humano é, por natureza, orientado para o infinito, e não há gradação entre a compreensão de uma coisa finita e a apreensão do mistério e da beleza do Deus infinito. Não é verdade que se possa passar, mesmo que muito gradualmente, das muitas repetições de uma coisa para uma compreensão da própria infinitude. Suspeito que, já na pequena criança, a possibilidade de transcender eventos discretos ou impressões discretas de um objeto finito está presente e ativa, embora latente e sem contar com palavras que a definam: a criança olhará para o céu infinito simplesmente por ser maravilhoso. Qualquer que seja a origem do corpo humano, essa orientação é irredutível. É como a diferença entre a tinta sobre uma página e as ideias que as manchas de tinta transmitem. As próprias ideias podem ser expressas em palavras, mas não são redutíveis a palavras — como muitos matemáticos sabem, quando veem uma verdade antes de encontrarem as palavras ou mesmo os números para expressar o que veem.

Permita-me ir além. Certa vez, li um relato escrito em primeira pessoa por um explorador descontente, segundo o qual os nativos que ele encontrou no Congo não eram mais inteligentes do que os macacos. Ele baseou seu julgamento no fato de que, por mais que se esforçasse para lhes mostrar como funcionavam os motores a vapor que usava, eles não conseguiam entender como consertá-los, de modo que, assim que os motores enguiçavam, ainda que de leve, poderiam perfeitamente ser enterrados para sempre sob a vegetação da selva. Não fiquei convencido. Lembro-me de uma cena do filme *Como era verde o meu vale*, em que o pároco está tentando instruir o jovem Huw Morgan sobre proporções matemáticas e faz ao garoto uma pergunta sobre água saindo de uma banheira por dois furos de tamanhos diferentes. "Ora, fazer furos em uma banheira!", ri a boa Sra. Morgan, que não consegue passar, ou está impaciente demais para passar, ou não vê nenhuma praticidade imediata em passar da função das banheiras para o poder dos números. Mas e se você pegasse, ao nascer, um bebê de uma tribo aborígine da Austrália, uma daquelas tribos cuja língua não tem nome para qualquer número além de quatro ou cinco, e o criasse em um mundo de matemática? Não estou dizendo que o *ambiente* o transformaria, mas que o que ele já era, em virtude de sua natureza humana, encontraria um caminho aberto para se desenvolver. O homem, onde quer que esteja, onde quer que tenha nascido, é aquela criatura, em sua forma, *capax universi*: capaz de apreender (não necessariamente compreender) todo ser existente.

Há uma segunda coisa sobre a beleza humana que não pode ser capturada por redução. Trata-se de algo que Donatello entendeu melhor do que os antigos escultores gregos cuja obra ele às vezes, literalmente, desenterrava dos escombros e do solo em Roma. A beleza do rosto é inerradicável pelo tipo de ser que a criatura humana é, e também pelas *particularidades* de suas características, a marca do que a pessoa viu, fez, viveu, amou e *pensou*. Assim, encontramos no rosto humano uma simetria perfeita, uma espécie de previsibilidade robótica e perfeição elementar, uma agressão; pois o rosto é a manifestação externa de uma pessoa única. A pinta no rosto é, ao mesmo tempo, uma marca — ou seja, uma mancha — e uma coisa bela, por causa de sua distinção, sua singularidade; assim também o charme de um sorriso torto, ou a inclinação habitual da cabeça, ou o redemoinho dos cabelos que jamais cobrirão homogeneamente uma bola de bilhar, quanto mais os montanhosos contornos da cabeça humana; assim também a relação entre o olho forte e o olho mais fraco, que, embora pisquem em sincronia, não parecem idênticos. E é por isso que a escultura de Donatello do profeta Habacuque, um homem careca e feio cujas feições estampam um grande e paciente sofrimento, nos afeta muito mais profundamente do que muitos deuses gregos "perfeitos", jovens e de cabelos cacheados que nunca sofreram e nunca sofreriam e que, de alguma forma, nunca alcançaram a marca da individualidade. Os concidadãos de Donatello em Florença parecem ter entendido a questão e, por isso, apelidaram sua escultura de *Lo Zuccone* — "Careca" ou, mais literalmente, "Cabeção de Abóbora". Eles sentiam o poder da escultura e sabiam que somente o maior dos escultores poderia tê-la criado.

Às vezes, peço aos meus alunos que considerem, com o salmista, "o firmamento, obra de vossos dedos" (Sl 8, 3) e imaginem que Deus tivesse feito as estrelas indistinguíveis umas das outras, todas da mesma cor — um branco vazio —, todas da mesma magnitude e todas separadas das mais próximas exatamente pela mesma distância, como em uma grade. Só pensar nisso já é assustador. Será que olharíamos com admiração este firmamento? Não; nós nos afastaríamos dele, com repulsa ou tédio. A beleza até mesmo de uma colina ou de uma árvore nasce, em parte, do fato de ser *esta colina, esta árvore*: a colina, por exemplo, que eu escalava frequentemente quando era menino, no bosque 800 metros atrás da minha casa. Era um monte de pedras e solo formado pelo recuo das geleiras quando a última Era Glacial terminou. Lá só cresciam bétulas, mirtilos, rosas silvestres e outros vegetais que abraçam o solo. As pedras haviam sido cobertas por uma camada de terra trazida ao longo dos tempos pelo vento, o que as transformou em uma colina, mas muitas vezes você encontrava uma fenda, como uma rachadura na terra sob seus pés, e nunca se sabia até onde ela ia. Daquela colina, eu podia ver minha cidade lá embaixo, com suas ruas, em sua maioria não planejadas, esparramadas na encosta da montanha que ficava de frente para o vale, e o prédio mais alto de todos, a igreja, com sua cúpula e cruz estendida em direção ao céu, embora parecesse, do meu elevado ponto de vista, uma coisa misteriosa bem lá embaixo. Eu me sentia solitário naquela cidade quando não estava com minha família e meus muitos primos, mas eu a amava, apesar de ela ser — ou talvez também porque fosse — cheia de buracos e fendas, e sua paisagem dominada por enormes montes de carvão chamados de *culm*. Eles eram foscos ou rebrilhavam um preto azulado e opaco. Ou isso, ou também eles acabavam cobertos de poeira e terra, e pequenas bétulas cresciam ao longo de suas laterais aqui e ali. Eu adorava esse lugar porque era um lugar humano, embora também fosse um lugar ainda misterioso para o homem, com coisas pequenas, comuns e belas à vista de todos, como as macieiras selvagens que cresciam espalhadas.

Agora, eu poderia dizer que a beleza é semelhante à verdade pelo menos nessas duas características fundamentais e em sua potência existencial em relação a qualquer ser intelectual. Em primeiro lugar, encontramos beleza no tipo de coisa que existe, que nos apresenta, como brilhando com a luz da inteligibilidade, o geral ou o universal; assim, quando vemos que existe algo como um cervo, não este ou aquele, mas a forma que eles compartilham e que os une, forma esta que no-los torna inteligíveis, isto é como se deparar com um teorema de grande alcance e poder, ou como enxergar mentalmente os meandros dos átomos de carbono e ver neles as possibilidades de estrelas e planetas e desta nossa vida na Terra. Em segundo lugar, encontramos beleza na coisa particular que existe, este cervo e não aquele, ou este tipo de criatura e não aquela; esta colina que é como inúmeras outras, mas que é sempre e tanto ela mesma e nenhuma outra; e marcamos as distinções, assim como marcamos as luzes e sombras familiares em um rosto que aprendemos a conhecer e amar. E assim como nenhuma outra criatura física que conhecemos é orientada para a verdade integral, também nenhuma outra criatura física é afetada pela beleza. O motivo espiritual é o mesmo: desejamos conhecer; desejamos amar. Um cão vê; mas um cão não contempla. Um cão conhece coisas que são o que são, mas não almeja conhecer a verdade.

O culto à feiura

Vamos supor agora que negamos a existência objetiva do belo. Vamos nos concentrar, então, nas duas propriedades que descrevi: a primeira, a capacidade que a pequena parte tem de refletir as partes maiores ou o todo, capacidade que também podemos ver como o todo se fazendo presente em cada parte menor; a segunda, a individualização, ou aquilo que, para citar o poeta Gerard Manley Hopkins,

> Manifesta-se exteriormente o ser interior que há em cada um,
> o que diz referindo-se a si: "Eu", o que fala e conjura,
> exclamando: "O que eu faço sou eu. Por isso vim".[40]

O que o artista, o poeta ou o arquiteto deve fazer? Imagine agora uma vasta extensão de parede nua, sem nenhuma característica. Essa é uma paródia do autossimilar: sabemos que o grande não será diferente do pequeno, porque não há diferença entre um pedaço de parede e outro. Ela possui a desolação, mas não a beleza absoluta de um deserto. Pois há um brilho nas areias ondulantes, e podemos ver as ondulações do vento que marcaram as dunas como ondas transformadas no que parece não ser sólido nem líquido, mas ambos ao mesmo tempo, de alguma forma. Mas a longa parede nua não é assim. Ela possui a uniformidade, mas não a cor, a vastidão e a maravilha do céu azul, que também não é realmente uniforme, mas tem tons diferentes de azul desde o horizonte até a altura onde brilha o sol, e vemos o sol em si não como uma grande lâmpada nua, mas como uma presença ardente que, quando o contemplamos com olhos apertados, lança raios de glória.

Ninguém acha bela a parede nua. Podemos achar os blocos de cores numa pintura de Mondrian moderadamente interessantes, mas foi bastante revelador, de um modo decepcionante, quando os curadores de um museu britânico descobriram

---

40   *As Kingfishers Catch Fire*, 5–8.

acidentalmente que haviam exposto uma de suas pinturas de cabeça para baixo por setenta anos e ninguém conseguiu notar a diferença. Mondrian não agride; mas também não atrai, não inspira, não desperta a admiração da alma. O que de fato agride é a *nudez* ou a *mudez* que visa a reduzir o observador humano à insignificância. É o contrário dos versos de Blake sobre o grão de areia e o ramo florido, que nos exaltam e nos humilham ao mesmo tempo. A vastidão e desumanidade propõem que nos sintamos *intimidados*. Pense nas enormes estruturas de vidro e aço que se erguem em nossas cidades como monstros robóticos. O clarão e o brilho da luz sobre elas podem, em dados momentos, agradar temporariamente aos olhos. Mas ninguém as acha bonitas. São opressivas. São torres de Babel que presumem os homens como formigas; e talvez a ambição e a humilhação — *uma humilhação que não visa a humildade* — sejam o mesmo fenômeno visto de duas perspectivas diferentes. O capitel de um pilar em uma catedral gótica carrega os traços de cuidadosas mãos humanas e sua muitas vezes turbulenta expressividade; assim como o próprio trabalho artesanal eleva a alma do homem que esculpiu as figuras, levando-o para a vasta visão, que encontra um lugar para cada pessoam Mas cada painel de vidro da torre é indistinguível do outro, e a mão humana poderia muito bem ter sido o braço estendido de uma máquina sem amor, sem visão, sem sentimento, sem pensamento. E, ainda que as torres arranhem o céu, os homens que elas abrigam não contam com um lar excelso, a menos que consigam, de alguma forma, encontrar um tantinho de vida em si mesmos.

Depois, há a feiura do caos. Novamente, não se trata da bagunça organizada ou da peculiaridade familiar de um lugar verdadeiramente humano, mas da recusa a submeter-se à ordem. Os artistas têm sido incentivados a desprezar o mero "representacionismo", e o resultado tem sido a calamitosa perda de inúmeras técnicas, do conhecimento das mãos transmitido por gerações, de modo que nos perguntamos, com razão, se voltaremos a ver outro Norman Rockwell, capaz de pintar todos os tipos de seres humanos em suas atitudes, gestos, expressões e ações, para não falar de um outro Ticiano ou Rembrandt. Podemos rir de artistas que jogam balões de cor em uma tela em branco ou que produzem obras que poderiam muito bem ter sido pintadas por macacos ou sistemas de irrigação. Mas o caos nem sempre é tão óbvio. Temos o caos em sua forma de desleixo, revelando uma espécie de déficit espiritual e intelectual; pense nos prédios antigos com todo o seu belo trabalho em molduras de madeira ou gesso, em remates, colunas cônicas, beirais, rodapés e lambris, "renovados" pela remoção ou prejudicados pela colagem de uma porta, portão ou entrada barata que faz com que o local pareça uma escultura de Michelangelo pintada com cores berrantes por uma não muito talentosa criança de dez anos. O desleixo, ou a desatenção, também beira a incoerência; pense nas ruas das cidades como elas já foram, obras completas da arte humana que cresceram com uma espécie de naturalidade orgânica, onde as casas e os edifícios faziam eco uns aos outros, embora cada um deles continuasse distinto dos demais; e veja-as agora com seus prédios demolidos, alguns aqui, outros ali, dispersos, e substituídos por coisas que parecem grandes caixas de plástico com letreiros chamativos. Por que nossos olhos não se queixam constantemente? Porque nos acostumamos com isso.

    E agora esse culto à feiura infectou o que pensamos sobre nós mesmos. Uma mentira leva a outra e, por isso, continuaremos a desvendá-las. A próxima mentira é esta: *a natureza humana não existe*.

Quarta mentira
A natureza humana não existe

O que se opõe aos planos daqueles que querem reconstruir o mundo segundo sua própria imaginação, o que significa, inescapavelmente, segundo seus próprios sonhos de poder e glória para si mesmos e para seus semelhantes? Não é tanto a teimosia da terra e da água, das rochas e das árvores, de um mundo de plantas e animais que resiste às nossas tentativas orgulhosas de moldá-lo. Graças a Deus por tudo isso! Mas o primeiro e mais irredutível objeto de resistência está no próprio homem, em sua natureza. É por isso que todos os sonhadores utópicos e as pestes utópicas que devastam a pobre paz neste mundo precisam negar a existência da natureza humana, presumindo que podemos esmagar o homem no molde adequado pelo poder da educação, o que na verdade quer dizer moldá-lo por meio de obstinadas tentativas de doutriná-lo e obrigá-lo a se comportar de maneira contrária à sua natureza; e quando o peso da falsidade se revela excessivo e insuportável para certas almas que então se rebelam, administrar-lhe corretivos, sejam eles farmacológicos, econômicos, militares ou judiciais.

Mas, primeiro, vamos abordar o aspecto factual da questão. Existe uma coisa chamada *natureza humana*.

Idiomas universais

As evidências são esmagadoras, mas é estranhamente fácil ignorá-las; não porque sejam difíceis de encontrar, mas porque nos são tão próximas, permeando cada aspecto de nossas vidas, que as consideramos óbvias e já não as percebemos mais.

Suponhamos que você viaje para um país que, para você, é estranho e distante — a Mongólia, por exemplo. Você vê cães na rua. Você os reconhecerá imediatamente como cães, embora muitos deles sejam mestiços, e algumas das raças talvez lhe pareçam incomuns. Ainda assim, se você tiver alguma experiência com cães, você os "lerá" corretamente. Você verá a cauda balançando alegremente — ou ela está encolhida, balançando pouco, porque o cão não se sente seguro com você. Você vê as orelhas levantadas ou esticadas para trás. Você ouve o latido do cão — agudo e claro, ou um rosnado baixo e grave, ou uma série insistente de berros, ou um uivo, ou um ganido semelhante ao dos filhotes — e adivinha, corretamente, o que o cão está tentando lhe "dizer". Você não tem a menor ideia do nome do cão, se é que ele tem um nome, e não sabe como se diz "vem cá" no idioma local; mas você agacha para se mostrar menor, dá tapinhas no próprio joelho, abre a mão com a palma para a frente e fala de forma gentil e convidativa, e o cão vem até você, farejando, porque é principalmente assim que eles identificam quem será bom ou mau para eles.

Não é preciso dizer que o cão não foi para a escola de cães, não foi soterrado de propaganda canina, não foi "socializado" em seu comportamento; este é o comportamento natural dos cães. No entanto, certamente é um comportamento social, porque o cão é um animal social por natureza; e certamente demonstra uma simpatia fundamental pelo homem, que o cão aceita como membro ou como líder de sua matilha. Isso não é controverso.

A natureza humana não existe

Agora você encontra um grupo de meninos brincando. Novamente, você não conhece a língua. Você tem uma vaga ideia do tipo de alimento que eles comem e quando fazem suas refeições. Você tem outra vaga ideia dos tipos de ocupação aos quais as pessoas se dedicam principalmente. Mas a única maneira de realmente se aproximar desses garotos é presumindo inumeráveis características da natureza humana.

Você sorri, mas não com o brilho gelado de um pilantra. Provavelmente você faz, com seu corpo, várias coisas das quais não tem consciência — a maneira como inclina a cabeça, acena com ela ou se aproxima descontraidamente; o tom da sua voz ao tentar pronunciar uma palavra elogiosa ou amigável que você espera que eles entendam; você estará falando uma linguagem universal para a humanidade. Talvez eles estejam jogando um jogo com uma bola e alguma espécie de bastão, ou talvez estejam tentando atingir uns aos outros com a bola. Sua mente começa a adivinhar as regras, porque você tem certeza de que há regras, pois sabe como são os meninos: eles são experientes e incansáveis criadores de jogos.

É evidente que um dos meninos infringe as regras, sejam elas quais forem, porque você os vê parar e começar a apontar, gesticular e discutir insistentemente, e você sabe que os meninos não gostam de trapaças e desprezam os espertalhões. Se você estivesse na Roma Antiga, poderia ouvi-los entoar o que o poeta Horácio registrou para nós: "Se em tudo te portares corretamente / serás o rei na idade madura!".[41] Então, um dos meninos, aparentemente o que foi acusado, abaixa a cabeça um pouco envergonhado e chuta a terra, e o jogo recomeça — pois, se você espera ser perdoado por uma falta, a coisa certa a fazer é admiti-la quando for advertido. Você também entende isso, embora ainda tenha apenas uma vaga ideia do que os meninos estão fazendo. Tudo isso também faz parte da linguagem humana universal, até mesmo o encolher de ombros, o olhar de cão arrependido e o chute no chão. São sinais arbitrários, talvez, no sentido de que podemos

---

41 *Epístolas*, 1.1.59–60.

imaginar outro tipo de criatura, em outro planeta, que faça coisas diferentes para transmitir as mesmas atitudes e intenções; mas não são nada arbitrários neste nosso mundo. Esta linguagem é tão natural quanto aprender a andar.

Você vê uma mãe com um bebê. Ela está olhando nos olhos da criança e fazendo caretas para que ela sorria e ria. É exatamente o mesmo que ela faria se fosse uma aborígine no deserto australiano. Ela poderia muito bem ser uma caiapó nas margens do Amazonas. Ela poderia ser uma inuíte vivendo nos desertos do Delta do Rio Mackenzie. Giotto pintou Maria olhando nos olhos do Menino Jesus com uma intensidade que qualquer mãe é capaz de entender. É a avassaladora força maternal. A criança, que nunca leu um livro sobre natureza ou criação, faz o que toda criança saudável e, até onde sei, até mesmo toda criança doente faz. Ela retribui o olhar da mãe. Está fazendo algo que é mais do que aprender: está se comunicando. Se você jogar um bebê na água, segundo me disseram, ele imediatamente começará a nadar, movendo os braços e as pernas da mesma forma que se movia na bolsa cheia de líquido. É raro que façamos isso com eles — não ousamos arriscar sua vida. Mas jogamos os bebês na água o tempo todo: no mar humano da comunicação e do sentido, onde eles mergulham, remam alegremente, bebem e brincam *de uma forma que nenhum cão pode fazer*. Nesse sentido, não há bebês humanos, mas apenas seres humanos que ainda não aprenderam a fazer certas coisas coordenadas com suas línguas, lábios, dentes, respiração e cordas vocais; desde seu início, o ser humano é *homo loquens*: "o homem que fala".

Homem social

Às vezes, nos é dito que o homem tem certas necessidades físicas que não pode satisfazer sozinho e facilmente, de modo que ele forma sociedades estritamente em prol de autopreservação; mas, se fosse possível satisfazer estas exigências da vida sem a sociedade, poderíamos agir assim e isso não faria mal nenhum. Essa linha de pensamento é a base de toda teoria do chamado contrato social. Ela presume um "homem natural" e puro, um ser pré-social de cuja existência não temos o menor indício e, portanto, atribui às sociedades humanas características que circunstâncias arbitrárias da existência humana sugeriram aos homens como adequadas para sua sobrevivência. Quando as circunstâncias mudam, as sociedades mudam com elas.

Como sempre, devemos ter o cuidado de separar as vertentes da verdade do erro fundamental. Populações humanas que vivem perto do mar terão modos de vida adequados ao local, às suas oportunidades e aos seus perigos; e esses modos de vida não serão os mesmos que parecerão adequados aos homens das estepes eurasianas. O desenvolvimento tecnológico não ocorrerá de maneira uniforme. Como alguém poderia, vivendo em uma região congelada ou nas selvas exuberantes do Congo ou da Amazônia, sequer conceber a técnica da fundição? Você não encontrará relhas de arado de ferro em qualquer lugar onde encontre seres humanos, porque nem sempre encontrará aí ferro ou terra arável.

Mas veja o que você sempre encontrará. Você sempre encontrará a linguagem, que é social em sua essência, e que sempre será mais do que um conjunto de sinais primitivos e inalteráveis, como os usados entre os pássaros de uma mesma espécie. De fato, não conhecemos nenhuma linguagem realmente primitiva, no sentido de uma linguagem com vocabulário minúsculo e apenas alguns modos de distinguir uma ideia da outra. Se os idiomas "evoluem", eles o fazem mudando o vocabulário para se adequar às necessidades da época e, quando muito, simplificando a gramática, tornando-a *menos complexa*: a gramática do inglês moderno, comparada à do inglês antigo (que, por sua vez, já estava bastante avançado no caminho da simplificação), é como um guindaste hidráulico comparado a um sistema de engrenagens e polias. Foi-se o tempo dos sete ou oito casos de substantivos e adjetivos do idioma que ao nosso deu origem, o indo-europeu; acabaram-se quase todas as terminações pessoais em nossos verbos; acabou-se a distinção sinalizada gramaticalmente entre ações realizadas uma vez e aquelas realizadas habitualmente; a maioria dos antigos verbos "fortes" que formavam seu pretérito pela mudança da vogal interna foi assimilada à forma "fraca", caracterizada pelos sufixos dentais *-ed* e *-t*, o que explica que hoje digamos *climbed* em vez de *clomb*, e *helped* em vez de *holp*. Você quer complexidade? Dê uma olhada nas quinze ou dezesseis formas verbais do guarani — formas que indicam se você tem certeza de algo que aconteceu há muito tempo, ou se você não tinha certeza de algo, mas agora tem, ou se algo vai acontecer em breve, ou se algo está acontecendo atualmente, mas talvez não aqui e agora, e assim por diante. Ou observe o sistema verbal do hebraico antigo. Meus alunos universitários, mal instruídos nos contornos fáceis da gramática inglesa, têm dificuldade em distinguir a voz passiva da voz ativa. Eles deveriam ser gratos por não termos voz média, como a desenvolvida no início do sueco moderno e que aparecia firme e forte no grego antigo. Deveriam ser ainda mais gratos por não termos as sete vozes ou aspectos do antigo verbo hebraico: ativo, passivo, ativo causativo, passivo causativo, ativo intensivo, passivo intensivo e reflexivo. Pois é: onde há o homem, há um universo linguístico.

E também um universo social. Um dos erros fundamentais das teorias do contrato social é, como já discuti, seu utilitarismo, que deriva de seu próprio pai, o materialismo de Epicuro, conforme descrito na poesia imortal do mais convincente de seus seguidores, o poeta romano Lucrécio. Os homens formam uma sociedade para *obter algo bom dela* ou, mais urgentemente, *para evitar algo ruim*. É bem verdade que, sozinhos, os homens passam fome ou levam uma vida que mal poderá ser chamada de humana. Mas os homens nunca viveram sozinhos. Não é apenas a necessidade que os impele: é sua natureza que a isso os orienta. Os homens são criaturas em cujo rosto brilha uma plenitude de personalidade: eles foram feitos para olhar uns para os outros em amizade. Neles, a necessidade de um pelo outro é também um prazer mútuo;

eles são feitos pelo Amor, para o amor, e, como diz o poeta Wordsworth, "temos, todos nós, um coração humano".

A noção de que o homem é para o homem, não por necessidade econômica, mas por natureza, também é universal às culturas humanas. "Eu sou um homem", diz um dos personagens de *Heauton Timorumenos*,[42] uma comédia de Terêncio, "e, portanto, nada que seja humano me é estranho".[43] "A morte de todo homem me diminui", diz o poeta e místico cristão John Donne, "porque estou envolvido na humanidade".[44] Donne dá ao particípio "envolvido" um sentido literal: *abrangido, cercado por, inextricável da* humanidade. Rousseau disse que o homem, nascido livre, tornara-se escravo da sociedade e, por isso, ele faria com que seu filho imaginado, Émile, fosse criado livre de relações humanas até os quinze anos. Assim dançam de mãos dadas a loucura, a crueldade e o sentimentalismo, as Três Ingratidões que impingem e sobrecarregam em vez de dar e arrebatam em vez de receber. Somos mais sociais do que o cão social, e não menos, porque a trama de relacionamentos em que nascemos se estende muito além dos limites de nossa vida pessoal na Terra. O bisavô que nunca conheci e que, segundo me contam, recebeu o apelido de *Isolano* (homem ilhado) porque era um solitário, e que parece ter transmitido ao pai do meu pai um traço de sua rabugice, é mais real para mim do que a cadela mãe de um cão é para ele quando deixa de se alimentar de suas tetas. Espero que meus futuros bisnetos leiam estas palavras que escrevo e digam, com algum orgulho, que o sangue em minhas veias ainda corre nas veias deles. A necessidade que temos uns dos outros não é utilitária. Cícero não era um tradicionalista no tocante à crença nas antigas histórias dos deuses e, portanto, poderíamos pensar que ele seria simpático à filosofia epicurista, que eliminava qualquer noção de que os deuses tivessem algo a ver conosco.

---

42 "O punidor de si mesmo" é uma tradução aproximada deste título — NT.
43 Ato I, cena 1, 77.
44 *Devotions upon Emergent Occasions*, "Meditation 17".

Além disso, seu amigo mais querido, Ático, era um epicurista. Mas quando os epicuristas baseiam a amizade na utilidade, Cícero responde que, embora a amizade nos forneça muitas coisas úteis, essa não é sua origem e, de fato, a origem da amizade é "mais antiga e mais bela", pois vem do próprio amor, de modo que devemos nos precaver contra aqueles que "cultivam a aparência de amizade" porque pretendem ganhar com isso.[45] Esse seria o vínculo a unir um bando de ladrões que, em certas circunstâncias atuais, veem uns aos outros como sujeitos mutuamente benéficos; mas assim que as circunstâncias viram, o mesmo acontece com sua casaca.

Novamente, não existe e nunca existiu algo como o homem "natural" sem sociedade, pois o homem é um ser social em sua essência, e as sociedades que ele forma estão mais ou menos de acordo com sua natureza biológica e intelectual; sua biologia e seu intelecto também não são coisas isoladas. Pense nisto: Desde o momento da concepção, todos os poderes latentes do homem começam a se desenvolver, sob a condição de que nenhum defeito interno ou influência externa os impeça; a criança no útero já experimenta as coisas não como um peixe ou um cachorro, mas, incipientemente, como um ser social e intelectual; assim como a criança olha profundamente nos olhos da mãe e responde acenando com as mãos ao movimento do móbile acima do berço, agitado por uma brisa suave. E essas características de seu ser, essas faculdades de sua alma, também estão ligadas umas às outras, porque o maior de todos os prazeres da amizade é compartilhar com um espírito afim os frutos de sua investigação, sua inventividade, seu pensamento, sua contemplação, sua oração.

Experimentos sobre e contra a natureza humana

Se você considerar a natureza humana não apenas como um fato consumado, mas como uma dádiva a ser apreciada

---

45 *Da amizade*, livro 8, 26.

(mesmo a natureza humana decaída e manchada pelo pecado), você pode ser como um arquiteto que vê o material com o qual trabalha — tábuas de pinho, telhas de cedro, ladrilhos de argila, granito, mármore — tanto como coisas inerentemente belas quanto como meios para expressar o que neles e por meio deles ele pode expressar melhor. Os mestres carpinteiros entendem este princípio. Por que a bétula seria uma madeira adequada para esses postes com padrões complexos? Por que usar pau-rosa para a caixa de ressonância de um violão? Você trabalha com a fibra; você trabalha com a natureza, e a natureza lhe dá os meios para transcender o que ela lhe dá, do modo como a natureza dá.

Assim, também, não precisa haver divisão entre a arte da vida do homem e a natureza com a qual ele trabalha. Cito como exemplo o *Conto de Inverno*, de Shakespeare, uma peça que examina tanto a natureza humana quanto as artes que são naturais para nós. Quando a jovem pastora Perdita — uma criança abandonada que na verdade é uma princesa, embora não o saiba, enquanto sua nobreza natural brilha através de suas vestes humildes e circunstâncias indesejáveis — diz ao rei Polixenes que não manterá flores listradas em seu jardim, porque ouviu dizer que "há uma arte, que em sua piedade comunga / com a grande natureza criadora", ele responde, gentil e inteligentemente:

> Digamos que tal arte exista; a natureza, no entanto, não é melhorada por qualquer meio, senão que a natureza faz esse meio; portanto, essa arte que afirmas melhorar a natureza é uma arte que própria natureza faz.[46]

Ela não se convence, embora a peça em que ela e o rei Polixenes habitam trate, entre outras coisas, do inter-relacionamento entre a vontade humana e a graça de Deus na ação humana e nos planos e desígnios da Providência; da arte, seja ela humana ou divina, e da natureza que dá origem à arte e que a arte reverencia e enobrece. Perdita é desprovida de artes

---

46 Ato IV, cena 4, 87–91.

no seguinte sentido: em sua alma não há astúcia. Shakespeare sugere, portanto, que ela está plena de uma espécie de arte natural, como diz seu amado, o príncipe Florizel:

> O que fazes
> sempre supera tudo quanto é feito. Quando falas, querida,
> fazes-me desejar que falasses para sempre; quando cantas,
> que cantasses para dar e vender; cantasse esmolas,
> e até para tratar de teus assuntos
> quisera também que os cantasses. Quando danças,
> eu gostaria que fosses uma onda do mar, para que eternamente
> nada fizesses além disso — mover-se, sem mover-se,
> e nada mais fazer. Tudo que fazes,
> tão singular em cada particularidade,
> coroa o que presentemente fazes:
> cada ato teu em tudo é uma rainha.[47]

Este é um louvor de fato poderoso: em Perdita, uma jovem de consumada virtude, a arte brota da natureza, e a natureza realça e se funde com a arte, de modo que, quando a olhamos com a admiração que ela merece, nos aprofundamos na realidade moral e humana. Acrescentarei, também, que aqui não se pode inverter os sexos sem criar um absurdo: nenhuma mulher jamais diria tais coisas sobre um homem, porque é da natureza do homem ver a mulher como a melhor e mais natural obra de arte. Assim um dia Adão olhou, estupefato, uma jovem e inocente Eva.

Antes da Revolução Industrial, o homem não era rico o suficiente, nem seus governantes e senhores eram poderosos o suficiente para tentar fazer experimentos sociais *contra* a realidade, alguns dos quais, ironicamente, foram motivados por seu crescente desconforto com o monótono, feio e sufocante mundo industrial que o homem havia criado. Assim como em uma família grande alguns primos são bonitos porque herdaram a fisionomia da família e alguns primos são feios pelo mesmo motivo, mas todos são primos, o mesmo

---

47 Ato IV, cena 4, 135–146.

acontece com os movimentos sociais modernos baseados nestas premissas: ou o homem é infinitamente maleável como uma espécie de plástico ideal, de modo que você pode despejá-lo no molde que quiser, ou o homem foi deformado pela sociedade, de modo que, se você o livrar da sujeira, poderá encontrar o artigo genuíno por baixo. Os amáveis poetas Robert Southey e Samuel Taylor Coleridge planejaram se estabelecer nos bosques da Pensilvânia, apesar da desvantagem de não saberem nada sobre agricultura, madeira, caça, armadilhas e pesca, para estabelecer um modo ideal de vida comunitária que eles chamavam de "Pantisocracia". Felizmente, para a história social e literária, isso não deu em nada. Em Oneida, no norte do estado de Nova York, o ex-ministro congregacionalista John Humphrey Noyes estabeleceu uma comunidade dedicada ao "casamento complexo", que na prática significava que não havia casamento algum, pois todas as pessoas eram incentivadas a se deitar com todas as outras (homens com mulheres, no caso), desde que a mulher consentisse. Mantinham-se registros para evitar que a natureza humana se intrometesse e algum homem se apaixonasse por uma mulher e a quisesse só para si, de modo que, se João começasse a dar muita atenção a Maria, o deus tirano de suas vidas experimentais trataria de afastá-los. Uma das mulheres da comunidade lembrou-se de uma cerimônia em que as meninas que se apegavam demais às suas bonecas de cera — pois em Oneida um tal sentimento de posse, de amor devotado e exclusivo, devia ser exterminado — eram obrigadas a se dirigir a uma fornalha aberta e jogá-las na boca daquele pequeno inferno.

 Jean-Jacques Rousseau gritava que o homem nascera livre, mas hoje está em toda parte acorrentado. Seu discípulo e herdeiro, Karl Marx, o mais puro planejador utópico que já existiu na Terra — puro, é claro, apenas em seu abrasador ódio do homem — foi além, como um novo tipo de batista a vestir um cilício na alma, estabelecendo as bases de uma sociedade concebida contra todas as devoções naturais do homem: à família, ao local de nascimento, à nação e a Deus.

O resultado foi o massacre de algumas centenas de milhões de pessoas e a destruição, corrupção ou obliteração de muitas culturas humanas prósperas.

Estes experimentos prosseguem porque são *permitidos*. Nenhum fazendeiro de antigamente consentiria nem por um minuto que seu filho pusesse um vestido de menina e andasse por aí afetando feminilidade. Nenhum de seus possíveis filhos seria capaz sequer de imaginar isso. Os campos precisam ser arados. Os animais grandes precisam ser cuidados. A própria mãe do menino o incentivaria a desenvolver sua masculinidade, porque boas colheitas fazem a diferença entre a fartura e a penúria ou, às vezes, entre a sobrevivência e a fome. Mas e agora? Nossa riqueza nos protege das consequências físicas e econômicas imediatas de nossa estupidez, assim como os materiais de construção modernos permitem que os arquitetos construam tetos que parecem que vão desabar sobre nossas cabeças, ou torres com uma curva que parecem que vão cair como Babel; os experimentos prosseguem.

Estes experimentos não foram bem-sucedidos. Os israelenses tentaram integrar soldados do sexo feminino com os do sexo masculino, em parte porque aceitaram o sonho utópico do indiferentismo sexual e das famílias coletivas, mas em parte porque eram uma nação pequena cercada de inimigos e precisavam de todos os corpos disponíveis que fossem capazes de carregar um rifle. Mas eles descobriram rapidamente que tal experimento não dá certo. O moral caiu. Homens são homens e mulheres são mulheres. Os homens naturalmente se limitaram para proteger as mulheres; e também aconteceu de os homens competirem entre si pela atenção das mulheres; as mulheres, por sua vez, eram sempre o elo mais fraco em qualquer operação que exigisse destreza física. Portanto, os israelenses separaram os sexos novamente, dando mais valor à sobrevivência do que à ideologia. Enquanto isso, uma senadora dos meus amados Estados Unidos expressou sua decepção com o fato de o Congresso não ter promulgado uma lei que submeteria as mulheres ao alistamento militar, e um alistamento militar, note-se, garante apenas o contingente geral — quadros para preencher as fileiras da infantaria, soldados sem treinamento e que atuam no campo de batalha; não médicos, não comandantes de quartel, não treinadores, mas o exército pedestre, onde se sofre a maior parte das baixas, mas sem o qual não se consegue tomar e manter nem um quilômetro quadrado de território inimigo.

Experimentos contra a realidade: quem se envolve com eles, se não aqueles que odeiam a realidade contra a qual experimentam? Assim, todo utópico odeia o homem, secretamente ou nem tão secretamente. Tomemos a escola moderna como um projeto utópico. À primeira vista, pode parecer que ela atraiçoa tudo o que Rousseau tinha em mente quando manteve seu imaginário Émile fora do convívio humano até os quinze anos. A escola moderna é muito mais parecida com um fungo onipresente que ocupa cada vez mais anos e uma fração cada vez maior de cada dia, tudo em nome da bendita educação e da *não-tão-bendita* "socialização". Enquanto isso, a julgar pelos resultados, ela não é mais eficiente, para educar, do que simplesmente dar às crianças coisas decentes para ler e esperar os resultados naturais. Já a socialização que nela ocorre produz jovens rabugentos, mal-humorados, desconfiados, ingratos, vaidosos de suas pequenas realizações e tendentes a formar panelinhas dedicadas ao inebriante prazer de infernizar os que não fazem parte delas. Certamente Rousseau não queria nada disso — por mais que se portasse como um monstro em relação aos próprios filhos.

Em todo caso, a escola compartilha com Rousseau a mesma desnaturação do jovem e a mesma recusa em ver que a criança se enquadra em uma rede de relacionamentos humanos naturais que envolvem uma piedade de mão dupla: dos genitores para o filho e do filho para os genitores. Pelo termo *genitor* conotamos também aqueles que, de alguma forma ou em algum grau, exercem autoridade paterna ou materna: padres, ministros, tios e tias, irmãos e irmãs mais velhos, líderes cívicos, policiais, vizinhos adultos e assim por diante. Charles Dickens, em sua feroz sátira contra a educação utilitarista de sua época, *Tempos difíceis*, entendeu bem que o erro do diretor escolar Gradgrind não estava apenas em seu desprezo pela imaginação humana: sob as ordens dele, os professores transmitiriam às crianças apenas "fatos, fatos, fatos", semeando isso e eliminando todo o resto. Seu pior aspecto consiste em ter pecado — e, eu digo, inevitavelmente — contra a criança humana integral que sua escola deveria instruir, ao separá-la daquela piedade. A heroína da história, Sissy Jupe, foi matriculada em sua escola por causa do senso de dever de seu pai, um senso justo e apropriado; ele queria dar a ela uma boa educação, longe dos circos em que trabalhava, ambientes às vezes insalubres, mas não sabia onde poderia buscar para ela tal educação. Sissy, firmemente leal ao pai (que nunca conhecemos; ele morre, longe da filha), é levada para a casa de Gradgrind. Lá ela mitiga, até certo ponto, a infelicidade dos filhos do diretor, Louisa e Tom. Sua determinação revela-se o único elemento capaz de salvar Louisa da ruína nas mãos de um mulherengo inescrupuloso; e a energia e a agilidade flexível de seus amigos circenses ajudam Tom a escapar da Inglaterra em segurança, antes que o braço da lei o prendesse por roubo.

John Dewey, o simpatizante maoísta em grande parte responsável pela estrutura e pelas condições das escolas americanas modernas, queria produzir cidadãos democráticos — uso a palavra "produzir" de forma prudente, porque seu pensamento era excessivamente mecanicista e embora, pessoalmente, ele preservasse um gosto melancólico por coisas como a poesia, seu sistema realmente não encontrava lugar para tais coisas — e ele não conseguiu ver, como tantos utópicos falharam antes dele, que as origens do cidadão são o filho fiel de uma família, o paroquiano dedicado de uma igreja, o vizinho prestativo e confiável de uma zona rural ou de um bairro urbano. Se quisermos cidadãos de verdade, em vez de funcionários; se quisermos criar filhos e filhas para uma nação, em vez de números num jogo eleitoral; se quisermos pessoas que elevem o teor moral de nossa terra e que a embelezem com suas obras, palavras e pessoas, não podemos fazer isso fingindo que eles são apenas nacos indefinidamente dúcteis e maleáveis de racionalidade e desejo. A família, como afirmou o Papa Leão XIII em todas as suas encíclicas sociais, é a sementeira de qualquer coisa que possa ser genuinamente chamada de "sociedade".

Após a queda

Jonathan Swift tinha pouca paciência para os experimentadores da natureza humana. Em sua fantástica e multifacetada sátira *Viagens de Gulliver*, Swift se insurge tanto contra a loucura do homem quanto contra todas as tentativas semimecânicas de curar essa loucura. Em sua última viagem, aquela que parece, de acordo com muitos críticos, tê-lo levado à loucura, Gulliver se encontra na terra dos Houyhnhnms, cavalos racionais que pensam, falam, usam seus cascos habilmente para trabalhos manuais e vivem vidas totalmente razoáveis, tanto que não conseguem entender Gulliver quando ele tenta descrever como é a vida em outras partes do mundo. Eles não têm uma palavra para "mentira", então supõem que ele tenha dito "aquilo que não era". Enquanto isso, eles precisam superar sua repulsa natural por Gulliver, porque em sua aparência e forma ele se assemelha às criaturas detestáveis entre as quais vivem, os Yahoos, que incorporam todos os vícios dos contemporâneos europeus e ingleses de Swift, sem o verniz da racionalidade. Os Yahoos combinam idiotice, vaidade, miséria, traição e inutilidade para si mesmos e para os outros Yahoos, de modo que os Houyhnhnms podem atribuir a eles muito pouca utilidade — muito menos do que os europeus fizeram de seu parente biológico, o cavalo.

Gulliver viveu tanto tempo com os Houyhnhnms que, quando finalmente voltou para casa na Inglaterra, mal conseguia ficar no mesmo cômodo com sua esposa e seus filhos sem sentir vontade de vomitar. E os críticos que tenho em mente, dos quais discordo um pouco e com hesitação, dizem que Gulliver está errado em sentir-se assim, e que

Swift dirigiu sua sátira contra os próprios Houyhnhnms, e não apenas ou principalmente contra os Yahoos. Não sei; uma "razão cavalar", como poderíamos chamá-la, não é o mesmo que o racionalismo iluminista, e os Houyhnhnms não se assemelham aos vários governantes hiper-racionais e, ainda assim, cruéis de Laputa, cujas cabeças distraídas estão tão nas nuvens que eles precisam ter por perto servos que arremessem almofadas em seus ouvidos, para chamar sua atenção para uma declaração ou pergunta, e que batam em suas bocas com as mesmas almofadas para fazê-los falar; e isso, também, enquanto os criados estão se divertindo com as esposas dos habitantes de Laputa.

No entanto, o argumento é bem aceito, e posso concordar com ele até o seguinte ponto: devemos viver neste mundo como ele é, com o homem tal como ele é e como Shakespeare bem descreve em *Hamlet*: não sendo um Yahoo nem um Houyhnhnm, mas como algo muito maior que este último e muito diferente daquele primeiro:

> Que obra de arte é o homem! Quão nobre em razão, quão infinito em faculdade, quão expresso e admirável em sua forma e gestos. Quão semelhante a um anjo em sua ação, e quanto à apreensão quão semelhante a um deus! A beleza do mundo; o modelo dos animais. E, no entanto, para mim, o que é essa quintessência de pó? O homem não me encanta.[48]

O salmista diz que o homem é "quase igual aos anjos" (Sl 8, 6), e o autor inspirado do Gênesis nos diz que Deus, após o grande dilúvio, olhou para o homem e disse que "os pensamentos do seu coração são maus desde a sua juventude" (Gn 8, 21). "A grandeza e a miséria do homem são tão claras de se ver", diz Pascal, "que a verdadeira religião deve necessariamente nos ensinar que há algum grande princípio de grandeza no homem, e um grande princípio de miséria também".[49] A educação também não pode apagar a con-

---

48 *Hamlet*, Ato II, cena 2.
49 *Pensamentos*, fr. 430.

tradição, pois "toda a tua ilustração só pode levar-te a perceber que não podes encontrar nem o bem nem a verdade dentro de ti". E por que não? Pascal continua, criticando os filósofos, que podemos dizer que aqui ocupam o lugar de todos os racionalistas, de todos os planejadores da perfeição social ou da elevação pessoal além do comum dos homens: "Seus principais males são o orgulho que os afasta de Deus e a concupiscência que os prende à terra; e eles", os racionalistas, "nada mais fizeram do que alimentar pelo menos um desses males".

Viver no mundo como ele é, e não como gostaríamos que fosse, é aceitar o homem como ele é, reconhecendo a queda de sua natureza, sua propensão à maldade, mas também sua capacidade — acrescento, somente pela graça — de olhar para o Deus que o criou conforme a sua própria imagem. De uma forma ou de outra, todo projeto utópico, toda tentativa profundamente antissocial de moldar uma sociedade humana à parte ou contra a natureza humana essencial, nega que o homem seja feito à imagem de Deus, ou que o homem tenha caído, ou as duas coisas. Os resultados são os seguintes: numa ponta do espectro, um sombrio estado policial onde, em nome do grande salto social vindouro, todos são uma ameaça em potencial para todos os demais, e todos são reduzidos a um átomo da vontade coletiva; na ponta oposta, uma "liberdade" sibarítica e extravagante que escraviza as pessoas aos seus desejos, prende-as nos emaranhados de um estado de bem-estar social e, em nome da sociedade, reduz os homens a átomos de vontade individual e, também neste caso, a mão de cada homem se volta contra todos os outros. Tanto na velha e tristonha União Soviética quanto na nova e melhorada versão da fabulosa América, o problema do coração humano é simplesmente evitado ou ignorado: ter as posições políticas "corretas" supre a necessidade, e a educação é, portanto, dedicada a produzir idiotas sabidos; ou, pior, monstros espertalhões; ou, o pior de tudo, demônios.

Quando eu era menino, ainda havia resíduos dos velhos costumes agarrados à nossa vida e, por isso, uma vez por mês eu e mais quatrocentas crianças éramos esperados na igreja do outro lado da rua para nos confessarmos. Isso é trabalhar com a natureza humana: a natureza humana decaída. As freiras eram muito sábias para acreditar que as crianças eram naturalmente boas e que, portanto, podiam seguir seus desejos para onde quer que apontassem. Pois muitas vezes eu desejo o que é errado, e pode levar muitos anos até que eu perceba que é errado, isso se perceber. As pessoas podem se queixar da suposta severidade férrea das freiras que nos instruíam. Quando olho para trás, vejo que a maioria delas eram boas pessoas, e que suas ocasionais explosões de temperamento eram menos decorrentes de maldade e rancor naturais do que do excesso de trabalho, da ingratidão dos paroquianos e da turbulência dentro de sua ordem — pois aquela não era uma época tranquila para se envergar um hábito religioso. No entanto, apesar de meu cabelo ter sido puxado uma vez e apesar de a Irmã Eugene, em um excesso de confiança, ter prometido à minha turma da oitava série que nos daria um mês inteiro livre de deveres de casa para cada bolsa de estudos que eu conquistasse em uma escola católica local de ensino médio — candidatei-me a três bolsas e, para sua consternação, esvaziei a mesa —, a maioria de nós chegava à escola a pé, não havia policiamento, tínhamos uma hora inteira de almoço, podíamos sair à vontade e as aulas, com até cinquenta alunos por sala, quase sempre aconteciam sem interrupções. Assim nós, pequenos pecadores tratados como pecadores, desfrutávamos de muito mais liberdade do que os alunos das escolas atuais.

Isso nos permite descobrir um estranho paradoxo. Se você entender que o homem é decaído, fará tudo o que puder para inculcar nas crianças e nos jovens, cujas paixões tendem a se sobrepor à razão, um forte senso do que é certo e errado e a força de vontade para resistir às tentações. As restrições internas diminuem a necessidade de restrições externas. Da mesma forma, as restrições sociais reduzem a necessidade de restrições legais. Isso permite muita liberdade de ação, uma liberdade pragmática, desfrutada diariamente tanto na grande quanto na pequena escala. Mas, se você se entregar à fantasia de que o homem não é decaído e não treinar a vontade guiada pela razão para dominar a vontade submetida pela paixão, logo verá em suas ruas um caos semelhante ao caos de suas almas, ou precisará se render a um estado policial. Nos extremos, ou você terá uma cidade como é atualmente a de San Francisco, onde uma indulgência desleixada e desalmada se faz de misericórdia e tanto o número quanto a miséria dos sem-teto se multiplicam e onde as calçadas fedem a lixo e fezes, ou você se retirará para trás das grades e muros de um condomínio fechado. Fora desses extremos, você terá cidades caracterizadas pela desordem ou por uma ordem falsa e restrita: a ordem de uma tela em branco, ruas quase sempre vazias e sem nenhuma aglomeração de crianças.

Vamos aos casos. Quando eu estava no ensino médio, ainda era muito forte a sensação de que ter relações sexuais antes do casamento era algo errado, conquanto tal sensação estivesse desaparecendo e, em certas partes do país, já fosse coisa do passado. Mas onde eu morava, ainda era possível confiar que um rapaz e uma moça decentes poderiam sair juntos por anos, sem que isso trouxesse a preocupação de que arranjassem problemas para si. As crianças — tanto meninos quanto meninas — entregavam jornais e recebiam suas comissões e gorjetas uma vez por mês, e ninguém tinha medo de ser espancado ou roubado. O fato de as pessoas não gostarem de jogar cartas com um trapaceiro não era o único fator; em tal ambiente, não valia a pena sequer se dar ao trabalho de tentar ser desonesto.

Mencionei anteriormente que, quando eu era estudante de graduação, um sistema de honra ainda vigorava em Princeton. Por sermos criaturas inteligentes, feitas à imagem de Deus, considerava-se certo que éramos capazes, se não de uma conduta santa, pelo menos de reconhecer o bem e o mal objetivos e de direcionar nossos caminhos de acordo com isso, mesmo que com altos e baixos e muitos tropeços ao longo do caminho. Por sermos criaturas decaídas, tomava-se como certo que, sem autocontrole e sem o considerável poder da aprovação e desaprovação social, nos tornaríamos ruins rapidamente. Se negarmos essas duas coisas, nós nos elevamos, em teoria, ao *status* de deuses que determinam tudo, enquanto, na prática, nos rebaixamos à miséria dos trapaceiros, malandros, rufiões, pilantras e prostitutas. Quando chegamos a este ponto, nada resta a fazer — parece que podemos concordar quanto a isso — além de nos submetermos ao imenso e grosseiramente ineficaz poder de um Estado burocrático que tudo invade.

E esse é o assunto de nosso próximo capítulo.

Quinta mentira
A base e a plenitude de toda sociedade humana é a igualdade

Posso acrescentar à inverdade acima o seguinte corolário: tentaremos impor pela força qualquer igualdade que não for encontrada entre os seres humanos em sua constituição natural, e a única força capaz de desempenhar a tarefa de tal imposição será o Estado gigantesco e monstruoso, democrático no nome e imperial na prática, inimputável e que cresce por meio de seus próprios fracassos.

Se você me perguntar se eu "acredito na igualdade", devo perguntar: "Em que sentido você entende o termo?".

Entendo que os cristãos devam "acreditar na igualdade", mas acho que ela é expressa no Novo Testamento apenas em certas relações e, mesmo entre elas, não necessariamente como a mais profunda ou a mais excelsa igualdade. Em Cristo, diz São Paulo aos teimosos, orgulhosos e exteriormente submissos gálatas, "não há judeu nem grego, não há escravo nem livre, nem homem nem mulher" (Gl 3, 28). Esse versículo foi interpretado como se nivelasse todas as ordens hierárquicas e distinções sociais, de modo que os críticos duvidaram se quem escreveu a Carta aos Efésios teria sido o mesmo São Paulo que notoriamente insiste em subordinações no lar e na Igreja, sem perceber que Paulo está *sempre* insistindo na subordinação, mesmo nas cartas que não se pode negar que sejam genuinamente suas; ou eles dizem que Paulo estava confuso ou não ousou seguir até a conclusão suas palavras revolucionárias trazidas acima. Isso é ler as Escrituras na esperança de encontrar a si mesmo nelas, como se fossem a poça em que o encantado Narciso encontrou o próprio rosto, pelo qual se apaixonaria, o que levou à sua tola e inevitável destruição.

É uma grande temeridade atribuir inconsistência a um gênio, ou covardia a um homem que foi apedrejado, naufragado, açoitado, aprisionado e decapitado por aquilo em que acreditava (2Cor 11, 22–33); é uma impiedade atribuir tais coisas a alguém que, como sua Igreja sustenta, foi inspirado por Deus a se tornar o grande apóstolo dos gentios e a escrever cartas que mudariam o mundo. O problema, de fato, está em nós, e não em Paulo. Somos nós que estamos presos a uma ideologia igualitária. Queremos ver a igualdade, não como um remédio para nossa natureza decaída e um obstáculo a que tiremos proveito injusto uns dos outros, mas como um verdadeiro alimento, e talvez como todo o conteúdo do banquete celestial. Mas a igualdade é uma noção matemática, mecânica, legalista ou jurídica: como diz C. S. Lewis, "a palavra *igualdade* expressa uma noção quantitativa e, portanto, o amor muitas vezes não tem nada a ver com ela".[50] A justiça fala sua linguagem, e sob muitos aspectos, embora não todos, é certo que o faça. O amor, entretanto, não fala essa linguagem, pois o amante se deleita com a excelência do amado e, nesse deleite, o amor não se importa em medir sua própria altura relativa. "Deleita-me", diz Lewis, "o fato de haver momentos, nos cultos de minha Igreja, em que o celebrante está de pé e eu de joelhos".

A desigualdade e o corpo

São Paulo diz que a Igreja é o "Corpo de Cristo" — essa é sua metáfora mais poderosa, se é que é uma metáfora,

---

50 *O peso da glória*, "Membresia".

A base e a plenitude de toda sociedade humana é a igualdade

e não a revelação de uma misteriosa verdade. Ele diz isso aos coríntios para acalmar o espírito de contenda e para lembrá-los de que o mesmo Espírito Santo opera em cada membro do corpo de acordo com sua vontade:

> Porque, como o corpo é um todo com muitos membros, e todos os membros do corpo, embora muitos, formam um só corpo, assim também é Cristo. Em um só Espírito fomos batizados todos nós, para formar um só corpo, judeus ou gregos, escravos ou livres; e todos fomos impregnados do mesmo Espírito. Assim, o corpo não consiste em um só membro, mas em muitos. Se o pé dissesse: "Eu não sou a mão; por isso, não sou do corpo", acaso deixaria ele de ser do corpo? (1Cor 12, 12-15)

Não há, portanto, graus no batismo. Tenha em mente que o batismo, por sua própria natureza, não admite mais graus do que a morte e a ressurreição. Pois o batismo é um ritual de afogamento; somos, diz Paulo, batizados na morte de Cristo (Rm 6, 3). Você não pode se afogar pela metade; não pode afogar uma metade de si mesmo e não a outra. Da mesma forma, você não pode ser ressuscitado dos mortos pela metade. Lázaro não saiu do túmulo meio vivo e meio apodrecido. O membro batizado do corpo foi o recebedor de um milagre da graça; e não existe meio milagre, assim como não existe cisma no Cristo. Você pode ser um bom cristão ou um mau cristão. Você não pode ser meio cristão, a não ser por uma figura de linguagem.

Mas, se levarmos a sério a metáfora de Paulo, veremos, em primeiro lugar, uma diversidade de pessoas e dons em vez de uma mesmice, e, dessa forma, o reino da graça se baseia no reino da natureza e o eleva, pois "a um é dada pelo Espírito uma palavra de sabedoria; a outro, uma palavra de ciência, por esse mesmo Espírito; a outro, a fé, pelo mesmo Espírito; a outro, a graça de curar as doenças, no mesmo Espírito" (1Cor 12, 8-9). Posso fazer coisas que nem uma pessoa em dez mil pode fazer, talvez nem uma em cem mil. Mas não sou capaz de desenhar um rosto humano que sirva para um desenho animado, mesmo um dos mais fraquinhos. Nunca consegui ser mais do que adequado ao piano. Posso embaralhar e reorganizar letras com rapidez e facilidade surpreendentes, e posso memorizar milhares de versos de poesia, mas sou péssimo ao tentar lembrar o nome e o rosto das pessoas (embora seja excelente em lembrar suas vozes), e desajeitado para encaixar formas tridimensionais.

E o que isso significa? Sou profundamente grato pelo fato de haver pessoas no mundo que sabem desenhar e pintar muito melhor do que eu, que gostam de instrumentos musicais tão facilmente quanto eu gosto de idiomas, gramática e palavras, e que são tão lentas na fala e nas graças sociais quanto são rápidas em inventar e operar máquinas. Todas essas coisas são *dons* e, assim que confessamos que são dons, admitimos em nosso meio a fundamental, dinâmica e bela *desigualdade* entre aquele que dá e o que recebe o dom.

"Reconhecemos a desigualdade entre Deus e o homem", podem dizer os igualitários, "mas essa é a única desigualdade que admitimos como moralmente significativa. Também reconhecemos", dizem eles, mas com relutância, "que os talentos intelectuais e artísticos não estão distribuídos igualmente pela população. Hesitamos em dizer que um dom é mais valioso do que outro e afirmamos que esses talentos estão, de fato, distribuídos igualmente em todas as nações e entre ambos os sexos. E dizemos que o objetivo de toda ação social deve ser reduzir as desigualdades em termos de riqueza, influência política e honra, tanto quanto possível. Esse objetivo é bom em si mesmo e gera paz, porque é a desigualdade que dá origem ao conflito, quando uma pessoa tem muito e outra tem pouco". Na verdade, o inverso é verdadeiro. As sociedades que aceitam as desigualdades de posição como algo natural tendem a ser pacíficas, enquanto aquelas que exigem igualdade devem se conformar com um estado de constante turbulência, porque a inveja ávida suplanta a humildade e reina entre os ricos uma nervosa desconfiança, porque eles suspeitam que não merecem sua riqueza; e muitas vezes estão certos quanto a isso.

A base e a plenitude de toda sociedade humana é a igualdade

Voltemo-nos, entretanto, para a naturalidade de uma das desigualdades mais óbvias da vida humana. Será que preciso realizar o cansativo esforço de demonstrar que, no tocante à capacidade física, a desigualdade entre um homem saudável e uma mulher saudável é notória? Graças a Deus pelo cronômetro. No preciso esporte terrestre que *menos* recompensa a força bruta e a massa muscular — a corrida —, a vantagem dos homens sobre as mulheres ainda é tão grande quanto o Grand Canyon. A Flórida mantém uma abundância de estatísticas anuais dos competidores no atletismo do ensino médio. Todos os anos, em cada um dos eventos de pista comuns a ambos os sexos, cinco ou seis *rapazes do ensino médio*, somente nesse estado que abriga cerca de 0,3% da população mundial, superam *todos os recordes mundiais femininos de todos os tempos*. Também não estamos falando dos mesmos cinco ou seis velocistas, mas de cerca de cinquenta ou sessenta garotos distribuídos em vários eventos. Não é de se admirar: rapazes secundaristas correm muito mais rápido do que qualquer mulher. E, quando chegam ao destino ao qual correram, trazem muito mais força. Nesse aspecto, não há comparação. Times de futebol masculino formados por meninos amadores já massacraram seleções femininas que disputaram a Copa do Mundo; e, novamente, isso se refere apenas ao futebol, outro esporte que não recompensa a força bruta nas mãos, braços, ombros, peito e costas. Pegue qualquer grupo de homens e mulheres saudáveis que estejam no auge de suas vidas e desempenhando trabalho braçal todos os dias. A mulher mais forte ainda será superada pelo homem mais fraco. É por isso que os homens Amish, e não as mulheres Amish, levantam os celeiros e constroem as casas.

Essa desigualdade é vital. Sem ela, jamais poderíamos ter construído a civilização tecnológica que já não nos parece nada demais, nem poderíamos mantê-la. Podemos dizê-lo da seguinte forma: se os homens adultos tivessem uma força no nível da de adolescentes, eles teriam tido a força necessária para desenvolver fundições, escavar minérios e pedras, cortar as árvores que construíram suas casas e fabricaram suas primeiras máquinas, construir estradas ou até mesmo domar cavalos e lutar com gado grande para arar os campos? Eu duvido. Os rapazes são capazes de grandes coisas, mas acho que coisas como o tronco de um carvalho, um terreno de lama espessa, a terra seca dura como tijolo ou um boi indisciplinado os levariam ao limite sem vitória. Se adolescentes não são capazes de vencer tais elementos, esqueça suas irmãs e mães que não são tão fortes quanto eles.

Em nossa época, mal podemos nos permitir notar essa distinção mais óbvia entre os sexos. Mas não é preciso ser um evolucionista convicto para vê-la e supor que, sem ela, não estaríamos aqui para discuti-la. A criança humana é totalmente indefesa e, mesmo aos sete ou oito anos de idade, provavelmente morreria em poucas semanas se fosse abandonada na natureza, independentemente do ocasional "menino-lobo" aqui ou ali ou do admirável Mogli. Ela precisa de cuidados; o que, no caso de bebês, significa contínuas atenção e alimentação no peito. Se as mulheres fossem, como tantos homens são, amantes do perigo, propensas à abstração ou tão corporalmente inquietas que seus músculos clamassem por ação, isso prejudicaria seus bebês; a natureza não recompensaria tais comportamentos. Mas se os homens não fossem maiores e mais fortes do que as mulheres, eles não poderiam servir adequadamente como provedores e protetores. O corpo maior custa muito em alimentos, e, para ter sua presença justificada, precisa oferecer um saldo positivo em alimentos. O corpo mais musculoso representa um grande risco para a mulher mais fraca, e, para ter sua presença justificada, deve representar um risco muito maior para os predadores, humanos ou não, e uma oportunidade muito maior de tirar proveito das oportunidades benéficas da natureza. Portanto, as relações entre homem e mulher têm se caracterizado não pela igualdade, mas pela mutualidade e desigualdade: o protetor e provedor, que fica de guarda nos entornos, age em *benefício* da mulher e da criança, que por sua vez se submetem à sua liderança. Em prol de si mesmos, pouquíssimos homens farão algo além do necessário para estarem razoavelmente abrigados e alimentados. Mas se você vir uma casa bem decorada com um jardim, isso é o que um homem fez pela mulher que ama. Na ordem de governo, ele aparece em primeiro lugar; na ordem dos fins, é ela que vem em primeiro lugar.

Ela deve ser a primeira, pois é a mulher que porta uma nova vida. Quando o *Titanic* estava afundando, as mulheres e crianças tiveram a chance de embarcar primeiro nos botes salva-vidas. Isso não é sentimentalismo. É o principal motivo *terreno* para qualquer homem verdadeiro. Os homens são, como já escrevi muitas vezes, indispensáveis por serem dispensáveis. A população de sua tribo não será determinada pelo número de homens, mas pelo número de mulheres. Se você reduzir o número de mulheres pela metade, levará muito tempo para retornar à população original, se é que conseguirá. Reduza o número de homens pela metade e — pense nas tribos que praticam a poligamia — bastará uma única geração. O desequilíbrio aqui é colossal. A mulher contribui com anos e anos de sua vida, até mesmo com sua substância corporal, para gerar e cuidar dos filhos, de modo que o homem, para compensar, deve — às vezes sozinho, mas de forma mais dinâmica e produtiva com seus irmãos (quer os de sangue, quer aqueles formados pelos laços de uma vida em comum) — contribuir tanto quanto puder, com seu cérebro e músculos, para a proteção e o sustento das pessoas mais vulneráveis e mais valiosas. Deixado à sua própria sorte, o homem levaria uma vida da mão para a boca; mas ele cava, ara, corta, extrai, constrói e luta, tanto num sentido imediato quanto num sentido final, pelas famílias, ou seja, pelas mulheres e crianças; cada um pela sua própria em primeiro lugar, mas pelas de todos os outros também.

Esse imperativo está tão fixado na mente do homem de bem que se aplica também às mulheres além de sua idade fértil, assim como se estende às crianças deficientes que nunca poderão ter qualquer valor *utilitário* para a sociedade. Assim, todas as medidas que levam algumas mulheres ao que sempre deve permanecer como papéis essencialmente masculinos de proteção, como lutar na guerra, têm um custo: o da atenuação desse imperativo. Os homens, afinal, tendem a seguir qualquer premissa até sua conclusão lógica. A premissa de que mulheres e homens são igualmente bons soldados leva inevitavelmente à conclusão de que as mulheres não merecem a proteção dos homens. A premissa é falsa e a conclusão é desastrosa. Tampouco é lógico reclamar em voz alta de alguns homens maus machucarem mulheres enquanto até mesmo os homens maus têm muito mais probabilidade de matar ou ferir outros homens, e enquanto se propõe às mulheres a matança e o inferno da guerra. Tais medidas proíbem qualquer justificativa para aquela consideração especial.

O homem, portanto, é feito para liderar. Não devemos nos perguntar: "Por que os homens têm voz grave e maxilar imponente?". Em vez disso, deveríamos perguntar: "Por que as mulheres *não têm* voz grave e maxilar imponente?". A voz, o rosto, o brilho da pele lisa, a relativa falta de massa muscular, tudo isso ajuda a associar a mulher à criança; e assim como você jamais deve erguer raivosamente o punho contra uma criança, também nunca deve erguê-lo contra uma mulher, independentemente da provocação. Isso é errado.

Deveríamos supor que uma diretriz tão forte coloriria a própria atração natural entre meninos e meninas e homens e mulheres. Observe a fotografia de um marido e uma mulher se abraçando. Não importa a idade ou a forma física dos dois. O homem é quase sempre mais alto — as mulheres não preferem homens mais baixos que elas — e tem ombros mais largos, e a mulher se inclina para ele, enquanto ele passa o braço ao redor do ombro ou da cintura dela. Observe como os homens e as mulheres dançam juntos. Não é como os homens dançam *ao lado de* outros homens, nos gritos de guerra dos nativos do Havaí ou na dança acrobática dos jovens feácios diante de seu convidado Odisseu, que inclui pulos altos ao som de tambores e arremessos de uma bola para frente e para trás. Homens e mulheres dançam como iguais-desiguais, no sentindo de que não é a mesma coisa aquilo que o homem dá para a mulher, e a mulher, para homem, mesmo quando ambos estão igualmente apaixonados.

A desigualdade e a mente

Uma das características mais óbvias da vida humana é o fato de que nem todos nós possuímos a mesma acuidade mental e, embora possamos falar, de forma mais ou menos definitiva, sobre um nível geral de inteligência, ele não será exprimível da mesma maneira em todas as pessoas; o gênio literário não implica gênio mecânico, e o gênio teorético não implica gênio artístico.

Não me lembro de um tempo em que não soubesse ler. Ninguém me ensinou a ler: eu aprendi, de alguma forma. É isso que minha mãe conta. Posso datar a história em quadrinhos que comecei quando era pequeno, porque ela é interrompida por algumas tiras que descrevem a ida de minha mãe ao hospital, e isso aconteceu por volta do meu quinto aniversário, quando meu irmão nasceu. Se eu não tivesse sido atrapalhado pela escola, como vejo agora, aos doze anos de idade eu poderia estar solucionado cálculos ou ter aprendido vários idiomas, pois minha memória era uma esponja.

As escolas não são pensadas para uma criança estranha como a que fui. Elas são pensadas para as crianças medianas, e não para elevá-las, mas para mantê-las em um nível mediano. Daí a decisão calamitosa, na década de 1930, de privar a mente faminta da criança da nutrição de muitas palavras novas e difíceis, e daí também a severa segregação das crianças em níveis de série, independentemente do que elas poderiam realizar se fossem deixadas livres. Conquistamos uma ampla igualdade às custas do gênio.

É uma troca terrível. Por sermos individualistas, temos a tendência de pensar que o maior prejuízo fica por conta das pessoas mais talentosas, supondo que no final elas ficarão bem; não precisamos nos preocupar muito com elas. Se com isso queremos dizer que elas provavelmente conseguirão empregos decentes, é claro que não é algo com que devemos nos preocupar. Mas, se quisermos dizer que elas realizarão a grande obra que fariam, se fossem tratadas de outro modo, acredito que estamos completamente errados e que a história me confirmará esse julgamento.

Estou pensando agora no menino Michelangelo, matriculado ainda jovem como aprendiz no estúdio da família do mestre pintor florentino Domenico Ghirlandaio. Este ateliê recebia apenas rapazes e homens e, antes que nos afastemos dele com repulsa moral, gostaria de salientar que esses ateliês foram responsáveis por um volume muito maior de obras de arte grandiosas que o gerado por todos os departamentos de arte de nossas universidades atuais juntos. De qualquer forma, devemos considerar não apenas as habilidades práticas que o jovem Michelangelo aprendeu ali, no que diz respeito à mistura de tintas, à produção de determinadas cores e suas propriedades, à preparação de gesso úmido para afrescos, ao traçado de grandes figuras em *cartoni* e sua disposição de modo a formar um todo coerente, em vez de uma multidão de figuras aglomeradas que confundem ou cansam os olhos — não sou artista e conheço essas coisas apenas de forma distante e vagamente geral. Mas a importância intelectual total do aprendizado de Michelangelo é inimaginável. Ele foi inserido em uma hierarquia de artistas eruditos, ouvindo suas conversas, instruído sobre o simbolismo multifacetado da iconografia cristã que remontava às catacumbas. A grandeza não nasce de um acúmulo de elementos, embora o *potencial* para ela possa ser sufocado por uma rotina monótona ou paralisado pela falta de oportunidade. "Algum Milton mudo e inglório talvez descanse aqui", diz o poeta Gray em sua famosa elegia, enquanto caminha pelo pátio de uma igreja rural.

Há outra ameaça à grandeza que ninguém seria capaz de imaginar antes da era da produção industrial em massa. Antes de mencioná-la, gostaria de dar uma olhada em um

A base e a plenitude de toda sociedade humana é a igualdade

dos muitos romances de *Sir* Walter Scott que já foram lidos por inúmeros estudantes na Inglaterra e nos Estados Unidos: *Rob Roy*. Scott encabeça cada capítulo com uma citação de um poeta ou dramaturgo; algumas, atribuídas a "Anônimo", podem ser de sua autoria. O capítulo 30, no qual somos apresentados à feroz e formidável esposa do personagem-título, começa com estas linhas de *Bonduca*, uma tragédia jacobita escrita duzentos anos antes de Scott:

> General,
> ouvi-me, e nota bem, e olha para mim
> diretamente em minha face — minha face de mulher;
> vê se um temor, a sombra de um terror,
> se alguma palidez ousa mostrar-se, senão a da minha ira,
> para que eu me agarre às tuas mercês.

Faça uma pausa. Considere, avalie. Você é um estudante. Scott o trouxe para perto de uma peça nobre (atribuída a John Fletcher, contemporâneo *junior* e, em uma ou outra ocasião, colaborador de Shakespeare). Os versos citados são de altíssima qualidade: versos brancos, diretos, sem adornos ou bobagens. Soam como se a própria Bonduca os declamasse e fazem parecer que ela, embora seja uma mulher, não sente medo. Você se pergunta: "De onde vem essa história?". Ela permanece em sua mente. Ou talvez você reconheça seu nome, embora não saiba que há uma peça escrita sobre ela, e se lembre de que uma princesa celta chamada Boadiceia (falecida em 60 ou 61) liderou uma ousada rebelião contra Roma, em uma causa perdida. Você está sendo imerso em um mundo de histórias e arte, um mundo que seu autor considera natural; a própria grandeza dele o convida a entrar nesse mundo. Você aprende, por assim dizer, pela proximidade com a grandeza, e Scott não é tão avarento a ponto de fazer com que você se concentre apenas nele mesmo. Sem que você saiba disso, de forma inconsciente, mas natural, você está sendo ensinado e elevado. É a marca do gênio — e de forma alguma sugiro que isso possa ser encontrado apenas ou até mesmo principalmente nas escolas — elevar as pessoas comuns a alturas que, de outra maneira, elas não poderiam alcançar, talvez sequer imaginar.

Assim, muitos milhares de homens, ao longo de quinhentos anos, enfeitaram as paisagens da Europa com os mais intrincados e belos edifícios já formados por mãos humanas. Alguns deles eram os mestres dos mais talentosos, sem dúvida, embora não saibamos seus nomes; a maioria deles foi conduzida à grandeza por seu interesse em serem ensinados e liderados por seus superiores. Esses homens trabalhavam não como escravos, mas como artistas totalmente comprometidos, levados aos limites de suas habilidades, assim como o segundo violinista é elevado pelo compositor, pelo maestro e pelo primeiro violinista, que é seu superior. Assim muitos milhares de garotos, em corais de todas as igrejas da Europa, contribuíram com sua parte essencial, e muitas vezes a parte mais importante, na realização de obras corais compostas exatamente para essas vozes, juntamente com as de homens adultos. Assim muitos milhares de pessoas, em inúmeras aldeias da Polônia a Portugal, encenaram dramas populares durante a festa de Corpus Christi que, tempos atrás, durava três dias.

O magnífico eleva o excelente, o excelente eleva o bom, o bom eleva o mediano. Cercados por reconhecidas e celebradas grandezas (a ópera italiana, em nosso exemplo, além da pintura e escultura italianas), os irmãos Ernesto e Giambattista de Curtis (o primeiro, compositor e poeta; o segundo poeta, pintor, dramaturgo e escultor), nascidos em uma família nobre, compuseram a canção artística napolitana *"Torna a Surriento"* ("Volte para Sorrento"), que logo se torna uma das canções mais populares do país; em qualquer cidadezinha da Itália deve haver um jovem cantando-a e tocando um bandolim, assim como nas pequenas casas de ópera que os italianos construíram na América e em todas as outras nações para as quais emigraram. Próximo a reconhecidas e celebradas grandezas, os compositores nacionais de outros países, George Gershwin escreveu *Porgy and Bess*, a ópera americana; uma obra inconcebível sem Brahms e Dvořák, mas também inconcebível sem a longa tradição de canções folclóricas americanas e os *negro spirituals* com os quais a ópera está profundamente endividada e que elevou ao ápice da realização artística.

São as montanhas, e não as pequenas colinas, que inspiram a ambição do alpinista. Os próprios soviéticos, cujos melhores instintos contrariavam, neste caso, sua ideologia igualitária, mantiveram o Balé Bolshoi como algo capaz de surpreender o mundo, feito que dependeu da existência de estruturas hierárquicas e do reconhecimento do valor do gênio. Talvez um Nureyev apareça uma vez em um século. Porém, a pior ameaça ao gênio não foi engendrada pelos soviéticos, mas sim, talvez inconscientemente, pelos próprios sucessos da riqueza ocidental. Quando Walter Scott escreveu suas obras não existia o livro de bolso, e a produção em massa de lixo ainda não era possível. Hoje, sem dúvidas, isso mudou. O lixo produzido em massa nos sufoca. O fato de ser difícil encontrar diamantes em meio a uma interminável produção de contas de vidro não é o único problema, por mais que já seja bastante ruim. O grande problema é o desaparecimento da própria ideia de diamante; o fato de não sabermos que deveríamos estar em busca de diamantes; e, quando sabemos que os deveríamos estar procurando, não termos uma ideia clara do que estamos procurando e como identificá-los em meio ao vidro. Enquanto isso, o próprio vidro — o comum, o mediano — perdeu qualidade, de modo que a maior parte do que poderia ser vidro não passa de plástico brilhante.

Pode-se objetar que estou sujeito a uma ilusão de ótica. A maior parte das coisas ruins que qualquer época produzirá será esquecida, como a *"cacata carta"* do poetastro satirizado por Catulo satiriza;[51] acho que não preciso traduzir seu epíteto. Ao contrário, creio que são aqueles que me acusam de ilusão de ótica que sofrem de uma ilusão de ótica. Elas presumem que a quantidade e a qualidade das coisas

---

51 *Carmina*, 36.1

esquecíveis que a nossa época produz se igualam ao nível da produção das épocas passadas. Não creio que as evidências o confirmem. Quando leio revistas populares de mais de cem anos atrás, encontro grandeza misturada com assuntos bons, sólidos, úteis e inteligentes, assim como, se você vasculhar móveis antigos, poderá encontrar um Chippendale em meio a mesas e cadeiras sólidas, bonitas e bem-feitas. O que você não encontra é lixo; ninguém podia se dar ao luxo de fabricar lixo e ninguém podia se dar ao luxo de comprá-lo. Além disso, o excelente estabelecia um padrão visível. Observe os prédios públicos nos Estados Unidos construídos antes de 1900: bancos, lojas de departamentos, prefeituras, igrejas. Você não chamaria todos eles de grandes obras de arte. A maioria não tem essa pretensão. Mas eles agradam aos olhos e à mente e, da mesma forma e por muitas das mesmas razões, são confortáveis para o corpo humano. Uma prisão como a penitenciária estadual em Cranston, Rhode Island, é muito mais bonita de se ver, mais agradável em sua forma e em seus severos mas ainda visíveis adornos do que a maioria das *igrejas* atuais.

Nosso discurso político não é conduzido pelas vozes mais sábias, por homens e mulheres de ampla experiência e probidade moral, mas pelos ruídos estridentes da multidão e daqueles que propalam representá-las. A Sabedoria e os *slogans* não andam bem juntos. Em pouco tempo, mesmo os sábios se tornam demagogos. Quando estão cobertos de lama, um Adônis e um Quasímodo têm a mesma aparência. Cercadas ambas de barulho, a música de um Heifetz é tão boa quanto a do seu sobrinho que, ao maltratar as cordas de um violino, o faz lembrar um quadro-negro arranhado por um gato. Numa conversa comum, a frase de Shakespeare "Let me not to the marriage of true minds / Admit impediments"[52] dificilmente poderá ser pronunciada, porque não há quem se disponha a esperar o tempo suficiente para que uma frase inteligente chegue ao seu fim. E acrescento: todos os males dos fenômenos

---

52 Soneto 116: "Que o conúbio de almas verdadeiras / não me nasça o desejo de estorvar".

de massa são exacerbados pela mentira de que uma aristocracia intelectual não existe, ou que não *deveria existir*.

Desigualdade de fins

Suponha que você tivesse estas opções. Viver totalmente satisfeito, como um porco bem cevado, até a longeva marca dos cem anos; mas não conheceria nada a fundo, não faria nada particularmente bom, não desfrutaria de nenhum amor profundo e não embarcaria em nenhuma aventura nobre. Ou você poderia viver uma vida relativamente curta, marcada por momentos de profundo sofrimento, arriscando-se — sem qualquer garantia. Que ser humano não escolheria ser um ser humano de verdade, em vez de um porco bem cevado?

Grande parte da *Odisseia* de Homero é baseada em uma desigualdade de fins. Quando o jovem Telêmaco aparece na casa do velho amigo e companheiro de armas de seu pai, Menelau, ele fica impressionado com a riqueza do homem, e é verdade que Menelau o trata bem. Não duvidamos da sinceridade do velho guerreiro. Quando ele diz que amava e admirava Odisseu mais do que todos os seus companheiros, acreditamos nele. Mas também percebemos que a vida não vai muito bem para esse homem cercado de ouro, seda e cavalos puro-sangue, para não mencionar Helena, a mulher mais bonita do mundo. Menelau diz muito sobre o que *faria* ou *gostaria de ter feito* para ajudar Odisseu, e não duvidamos de que, se a ocasião se apresentasse diante dele, ele seria tão bom quanto sua palavra. Não é um mentiroso nem um covarde. Mas o que você faria e o que você fará ou fez não são a mesma coisa. Menelau *teria vingado* o assassinato de seu irmão, Agamêmnon, mas, como acabou passando muito tempo negociando no Egito, ele retornou a Esparta no mesmo dia em que Orestes, filho de Agamêmnon, finalmente chegado à idade adulta, vingou a morte de seu pai, matando o usurpador Egisto e sua cúmplice Clitemnestra — esposa de Agamêmnon e irmã da própria Helena. Menelau será contado entre os imortais, mas somente por causa de seu casamento com Helena, gerada por um deus. Na verdade, ele várias vezes é posto sob o comando de Helena (e nem sempre em seu próprio benefício ou o de qualquer outra pessoa), como quando a boa mulher dá a ele e a Telêmaco uma droga para que não chorem ao pensar em Odisseu, o amigo e pai que temem ter perdido. Esse último truque é exatamente o oposto do que o próprio Odisseu fará, quando estiver na Feácia, banqueteando com seus anfitriões de sangue real, e chamar o poeta cego Demódoco para cantar o que ele sabe muito bem que o fará chorar: um cântico sobre a Guerra de Troia.

O conforto, portanto, é um fim mesquinho quando comparado à coragem, à resistência e à tendência ao risco do homem verdadeiro. Vemos isso também quando Odisseu e seus homens estão atolados na ilha onde pasta o gado do deus do sol Hélio. Eles foram avisados para não tocarem nesse gado. Mas quando suas provisões se esgotam, e eles se cansam de tentar aliviar a fome com um ou dois peixes magros, e quando Odisseu, afastado na ilha para orar aos deuses pedindo ajuda e procurando comida, não está mais perto deles para lhes dar coragem ou ameaçá-los de morte se o desobedecerem, eles cedem; precisam comer. Homero os (des)qualifica logo no início do poema. São *nepioi*, diz ele; "pequeninos".

A satisfação da carne também é um fim mesquinho quando comparado com os fins sociais e intelectuais do homem. Os pretendentes que haviam se aglomerado na propriedade de Odisseu e abatem o gado para seus banquetes são pessoas bem-falantes, bem-vestidas e naturalmente inteligentes. O ciclope Polifemo, que trata com desprezo brutal o pedido de hospitalidade de Odisseu, matando e devorando um de seus homens para cear e outro para o desjejum, é mal-falante, veste-se de forma grosseira e é um tanto obscuro no aspecto intelectual. Mas os pretendentes e o ciclope têm muito em comum. Eles não usam o cérebro para pensar no que é certo, e até mesmo suas tentativas de astúcia os prejudicam. Eles também não se unem aos seus semelhantes em prol do bem comum. Ítaca, sem seu rei Odisseu, não tem uma assembleia pública há quase vinte anos, como se nota quando Telêmaco, já maior de idade, convoca seus cidadãos para apelar à inteligência moral deles e para que aliviem sua casa dos pretendentes que a oprimem. Mas o povo de Ítaca não toma nenhuma atitude, em parte por causa das brutais ameaças que um dos líderes, Eurímaco, faz a um profeta idoso que prediz o iminente retorno de Odisseu. A mensagem é clara: somos muitos, somos jovens e faremos o que quisermos. Nesse sentido, eles não são diferentes do ciclope. Ele é grande e Odisseu e seus companheiros são pequenos; ele fará o que quiser. E o ciclope e seus semelhantes não se agradam de se reunirem em assembleia. Achamos que eles são brutos por causa do único e grande olho que têm no meio da testa — é uma imagem, de fato, desagradável. Mas se você quiser uma expressão mais convincente de que eles não atingem a estatura completa de um ser humano, não precisa ir além de seu autoisolamento. "Eles tiranizam suas mulheres e filhos", diz Odisseu, em sua última palavra sobre o caráter dessas criaturas, "e ninguém tem nada a ver com mais ninguém".[53]

Estou bem ciente de que muitas pessoas se recusarão a atribuir uma escala de valores às coisas que escolhemos fazer. Mas é assim que a realidade moral é organizada. Fingimos duvidar dela somente quando o sapato aperta nossos calos, e temos de reconhecer que gastamos nossos esforços em objetivos menores do que aqueles dignos de mover nossas almas. É claro que é impossível estar sempre almejando grandes coisas. Precisamos relaxar, ou enlouqueceremos. Devemos tratar de coisas pequenas também. Mas se você dissesse que deseja ser rico para poder passar o dia todo assistindo à televisão e jogando paciência, nós o veríamos como uma árvore atrofiada, encurvada e magra, com casca podre e que dá pouco ou nenhum fruto. Os fins que você escolheu não

---

53 *Odisseia*, canto 9, 114–115.

são dignos do tipo de ser que você é. Não podemos estar sempre lendo grandes livros, assim como não podemos estar sempre comendo alimentos sofisticados. Às vezes, precisamos do sustento e da nutrição dadas por algo bom e sólido, como carne assada e batatas. Mas, de qualquer forma, não devemos nos privar do que é bom e sólido; não devemos comer lixo.

Uma desigualdade de fins sugere também uma *hierarquia de fins*, e também isso é inegável se você considerar a questão com honestidade. John deseja se casar com Sally porque a ama e acredita que será feliz, e que ela será feliz, se viverem juntos pelo resto de suas vidas. Mas se John dissesse: "O que eu realmente preciso é me sentir feliz para poder me casar com Sally", nós não o condenaríamos, mas nos perguntaríamos se ele não teria perdido a razão. A afirmação parece absurda, como se você dissesse que vai dar uma volta para calçar seus sapatos velhos — não sapatos novos, porque nesse caso você poderia estar apenas querendo experimentá-los, e então sua afirmação poderia fazer sentido. Os animais agem com um fim imediato: o cão persegue o esquilo e, se for um cão selvagem, ele o persegue para poder pegá-lo e comê-lo. Os seres humanos, no entanto, muitas vezes agem em prol de fins distantes, distantes não apenas no tempo, mas na ordem da desejabilidade. John vai à piscina para nadar um ou dois quilômetros de voltas. Ele não detesta nem adora fazer isso, mas faz para perder um pouco de peso e tonificar os músculos. Ele não é vaidoso, mas considera que, se estivesse em melhor forma física, poderia ser mais atraente para Sally. Afinal de contas, ele está se apaixonando por ela. Ele acha que talvez queira se casar com ela e, se estiver certo, isso o deixará feliz. As ações são ordenadas para um fim, um fim que é desejável em si mesmo: nesse caso, a felicidade.

John pode estar enganado em qualquer etapa de seu raciocínio. Sally pode não se importar com a aparência dele. Sally pode não ser a mulher certa para ele se casar. Ela pode não ser uma boa mulher para homem nenhum se casar; não sabemos. Mas não há em John nenhum instinto irresistível que o leve à piscina. Ele raciocina, e a razão prática sempre tende a algum fim considerado inerentemente desejável, mesmo que não o explicite em nossas mentes.

Você pode dizer que está tudo bem, mas o que isso importa? Platão pode nos instruir a esse respeito. A cidade é como um corpo — nós a chamamos de "corpo político" —, e o homem individual, hospedeiro de muitos desejos e originador de muitos pensamentos, é como uma cidade ou um estado e, de fato, às vezes é como uma cidade em meio a uma revolta civil ou guerra. O corpo só é saudável se os fins de seus membros estiverem subordinados ao bem do todo, cujo bem também redunda no bem dos membros, já que não é possível ter um órgão perfeitamente saudável em um corpo radicalmente doente. Ora, a mentira do igualitarismo — mais uma vez, não estou falando da igualdade ontológica das pessoas humanas, nem de medidas igualitárias prudencialmente adotadas por uma sociedade em prol dos direitos dos indivíduos e do bem comum — consiste em afirmar que a ordem social ou a ordem dentro da alma humana podem existir sem que haja o reconhecimento de que algumas coisas são mais nobres do que outras, e que algumas mentes são mais claras e funcionais do que outras. Quando todo mundo se considera um líder, não há líderes, mas uma turba obstinada. Quando todos se consideram dotados do direito de expressar suas opiniões sobre o mundo, independentemente de seu conhecimento ou de sua experiência prática, não há discussão, apenas confusão. As eleições americanas atualmente não passam de disputas de gritaria, e há muito tempo têm sido assim, porque a alternativa exigiria que as pessoas ficassem quietas, ouvissem, pensassem, talvez tirassem um tempo para ler e, com certeza, que deixassem de lado seus próprios desejos, que sempre tendem a ser clamorosos e perturbadores.

Um dos resultados maléficos da disputa de gritaria é que ninguém consegue conceber uma ação coletiva e pública a iniciar agora para que atinjamos um fim grandioso, conquanto distante e incerto, e ninguém se pergunta como um único princípio ruim pode levar, no longo prazo, a resultados desastrosos. Perdemos nossa capacidade de ser social e intelectualmente arquitetônicos. Pense nos artesãos medievais a trabalhar na construção de uma catedral que eles mesmos nunca veriam concluída. Pense nas centenas de coisas, grandes e pequenas, que devem ser ordenadas na construção de tal edifício para produzir o resultado pretendido: pois não se lança um alicerce adequado a menos que já se tenha em mente a obra concluída. Os teólogos, mestres de obras, pedreiros, carpinteiros, vidraceiros, escultores e outros — até mesmo os homens que cortaram as grandes árvores nas florestas para obter as vigas que sustentariam os espaços internos — não poderiam ter dado um único passo sem um conjunto hierárquico de pessoas governando um conjunto hierárquico de fins.

Uma democracia, por si só, não pode produzir estadistas como Webster e Calhoun; não estou falando aqui da justiça de seus objetivos, mas do *tipo* de homem que eles eram. Somente forças contrárias à democrática tendência ao nivelamento podem fazer isso. A alternativa é dar todas as chances aos líderes das forças que gritam mais alto, às vezes gritando com as armas, mas quase sempre gritando condenações, ameaças e ridicularização e tornando cada vez menos provável que eles próprios, seus adeptos e seus alvos raciocinem sobre qualquer coisa. A razão, que é hierárquica em sua natureza, deve governar; ou a força governará em seu lugar.

Liderança?

Uma das coisas mais estranhas em nossa atual linguagem igualitária é que tagarelamos ao mesmo tempo sobre a "liderança", à qual desejamos submeter todos. Acesse o *site* de qualquer escola ou faculdade e você será regalado com mentiras sobre como todos os alunos serão ensinados a ser "líderes". Um momento de reflexão é suficiente para desmentir a mentira. Se todos são líderes, então não há líderes, porque ninguém está seguindo. Por definição, os líderes devem ser raros.

A maioria das pessoas é simplesmente incapaz de liderar as demais para alcançar qualquer propósito específico estabelecido, porque a maioria das pessoas não têm a inteligência, as habilidades, a visão de longo alcance ou o dom de inspirar os outros a seguir e absorver sua visão. Mas isso não significa que devamos nos afastar, com mau humor, do líder. *A obediência é a virtude pela qual o inferior compartilha a autoridade do superior.* Não me refiro à sujeição, mas à verdadeira obediência, que, como a etimologia da palavra sugere, implica *ouvir e acatar*. "Andarei por um caminho seguro", diz o salmista em um dos mais exaltados e perspicazes poemas de obediência, "porque procuro os vossos preceitos" (Sl 118, 45). Para ele, isso é uma alegria, não um fardo. "Ah, quanto amo, Senhor, a vossa Lei!", ele clama. "Durante o dia todo eu a medito" (Sl 118, 97).

Há muito tempo considerei a relação de um pai com um filho adulto que exerce o mesmo ofício. O bom pai, diz Charles Péguy, quer que seu filho seja mais forte do que ele, mesmo que isso signifique que o pai acabará sendo esquecido no vilarejo: "E quando disserem seu nome na cidade, quando falarem sobre ele, quando seu nome for mencionado em uma conversa, como é comum acontecer, não será dele que estarão falando, mas de seus filhos".[54] É o que o nobre Heitor diz ao embalar seu bebê, Astianacte: que os troianos digam que o filho é muito melhor do que o pai foi, quando o virem chegar manchado de sangue da batalha.[55] Eneias quer o mesmo para seu filho Iulo (Ascânio), por cujo bem ele abandona nas mãos dos gregos vitoriosos uma Troia incendiada. Virgílio, o poeta da *Eneida*, depois de conduzir o peregrino Dante ao pico da montanha do Purgatório, diz-lhe que chegou ao limite de sua instrução.

---

54 *The Portal of the Mystery of Hope.*
55 *Ilíada*, Canto 6, 479–480.

"Seja ora o teu querer quem te conduz",[56] diz o poeta que deu tudo de si para o bem-estar de alguém que ele considera não apenas como um confrade na poesia e amigo, mas como um filho amado. Odisseu retorna a Ítaca, perguntando-se quem teria permanecido leal a ele e à sua casa. Ele tem poucas dúvidas sobre sua esposa Penélope, mas o que pode imaginar sobre seu filho Telêmaco, que era apenas um bebê quando Odisseu partiu para Troia quase vinte anos antes? O menino, crescendo em sua estatura de homem, exibe toda a nobreza e coragem da família e não apenas luta ao lado de Odisseu e sob sua direção, como também ousa dizer ao pai que um elemento do plano deste — no caso, o de visitar disfarçado e testar os arrendatários rurais um por um, antes de chegar à casa principal — levaria muito tempo, sendo melhor deixá-lo para depois. E Odisseu, o pai, concorda. Que coisa boa deve ser para pai e filho conversarem em termos iguais-desiguais sobre algum grande trabalho a ser feito! E se o filho der um bom conselho, o pai acena com a cabeça, sorri, fica orgulhoso e diz: "Vamos fazer isso, então". Isso é decidir: e assim a autoridade do pai, sua intenção e ação em prol de que o filho cresça, se enraízam e florescem plenamente no filho que age com obediência.

Ou considere as reveladoras palavras do centurião que veio implorar a Jesus que curasse o servo que ele ama como um filho. Quando Jesus se oferece para ir à casa do homem — lembre-se de que o homem é provavelmente um pagão, um soldado do exército romano, de modo que entrar em sua casa tornaria Jesus ritualmente impuro — o centurião o impede. "Senhor, eu não sou digno de que entreis em minha casa", diz ele. Jesus só precisa dizer uma palavra, e seu servo será curado. "Eu também sou um subordinado", diz esse líder de cem soldados, "e digo a um: Vai, e ele vai; a outro: Vem, e ele vem; e a meu servo: faze isto, e ele o faz" (Mt 8, 8–9). O centurião é digno de liderar porque ele mesmo obedece.

---

56 *Purgatório*, Canto XXVII, 131.

A base e a plenitude de toda sociedade humana é a igualdade

Não estamos falando de obediência cega e estúpida em atos perversos; o texto não trata de nada neste sentido.

Shakespeare também estava bem ciente do papel que a obediência desempenha na liderança. Ela está presente em todas as suas peças. Toda uma teoria da sociedade humana ganha forma dramática na súbita e fantástica cena de abertura de *A Tempestade*. Você está sentado no teatro, a cortina se abre, e... Trovões e relâmpagos! E o capitão do navio chama o contramestre, chamando-o de "Bom",[57] e dá-lhe ordens que devem ser transmitidas aos marinheiros, pois eles correm o risco de serem levados para muito perto da costa rochosa, com o que o navio seria despedaçado. O contramestre, um sujeito vivaz, grita para os marinheiros, por sua vez: "Com vigor, queridos meus!".[58] Eles devem baixar a vela principal e "atender ao apito do Mestre!".[59] Pense: na agitação da tempestade, a voz do mestre não pode ser ouvida. Ele precisa dar suas instruções por meio de um apito estridente, e o contramestre e os marinheiros, ouvindo-as e prestando atenção a elas, devem estar no local, "atentos", "prontos", dispostos a obedecer, para que não pereçam todos. Se o navio afundar, os homens cuja função é tripulá-lo não terão culpa. Enquanto isso, os nobres que os marinheiros têm a bordo, incluindo seu próprio rei, vão ao convés para protestar com eles, mas o contramestre não tem vagar para ouvi-los. "Vós dificultais nosso trabalho!",[60] ele grita — eles estão atrapalhando as tarefas dele e dos marinheiros; os estão distraindo; seus gritos são mais ruidosos que a tempestade. Quando o próprio rei diz: "Onde está o Mestre?", o contramestre responde com uma firme incredulidade: "Não o ouves?".[61] E isso se refere tanto ao apito quanto à própria tempestade, que é obra de Deus. "Deixai livre o caminho!", ele grita,[62] quando uma

---

57 Ato I, cena 1, 3.
58 Ato I, cena 1, 5.
59 Ato I, cena 1, 6.
60 Ato I, cena 1, 13.
61 Ato I, cena 1, 12–13.
62 Ato I, cena 1, 27.

dupla de nobres subalternos do rei — pecadores todos os três, diga-se de passagem — começa a acusá-lo de não conhecer o seu lugar. A ironia é que *o contramestre sabe qual é o seu lugar, e eles não sabem o deles*: o dever deles agora é obedecer, como o próprio contramestre obedece.

"Ah, mas nós ensinamos nossos alunos *a liderar a si mesmos*", dizem os igualitaristas, agarrando-se a uma palha. Negai às vossas almas unção tão lisonjeira, igualitaristas. São lêmingues do amanhã essas pessoas que se conduzem obedecendo aos estímulos dos fenômenos de massa, enquanto se lançam no mar dos penhascos. Precisamos obedecer. Ou obedeceremos ao Deus que, como diz São Paulo, deseja filhos, não escravos (Gl 4, 7), de modo que, quanto mais ardentemente O obedecermos, de mais liberdade desfrutaremos; ou, fingindo obedecer a nós mesmos, obedeceremos realmente ao enganador, que foi "homicida desde o princípio", "mentiroso e pai da mentira" (Jo 8, 44). "Pelo menos aqui / Seremos livres", diz o Satã de Milton, ao contemplar pela primeira vez os confins sombrios do Inferno, sua prisão.[63] "Eu sou meu", parece dizer o Satã de Dante, mudo e acorrentado no gelo, a cada batida robótica de suas asas, fazendo cair os granizos que congelam o Cócito imóvel, mantendo-o eternamente preso no mesmo lugar. Se ao menos ele pudesse parar de contar essa mentira, o Cócito derreteria e ele poderia se mover um centímetro ou dois. Mas sua essência é a mentira: enganado por si mesmo, conduzido por si mesmo, prejudicado por si mesmo.

Na prática, aqueles que não obedecem a Deus e que zombam da autoridade legítima serão presas fáceis para o demagogo, o aproveitador, o vigarista e o explorador e, caso não haja quem os acorrente e arraste, eles farão isso por si mesmos. Afastado de Deus, o povo russo foi reduzido a honrar como um santo o destruidor e odiento Lênin e, como se isso não fosse ruim o suficiente, acabou prestando homenagem a Stálin, o genocida, enquanto muitos ateus influentes,

---

63 *Paraíso Perdido*, Canto 1, 258–259.

tomando chá na sede do *Daily Worker* ou se enfurnando como toupeiras nos departamentos de estado em Londres e Washington, o viam como um pai que conduzia o mundo a um brilhante e glorioso paraíso dos trabalhadores. Que degradante palhaçada é a dos sábios que não obedecem a Deus! W. E. B. DuBois, um homem de tremenda inteligência e profundidade de leitura, tanto se deixou enganar que escreveu para Stálin um obituário (no *National Guardian*, em 16 de março de 1953) que teria feito corar a face do mais abjeto bajulador já visto pelo mundo. "Ele conhecia o homem comum", escreve DuBois, "sentia seus problemas, acompanhava seu destino". Isso *não* incluiria o homem comum que adora a Deus ou cujas famílias haviam tornado a Ucrânia um celeiro para a Europa. Sobre a adoração, DuBois expressa um leve desprezo, e quanto aos *gulags* ucranianos, os milhões que Stálin assassinou ou reduziu à fome contam *a favor* do tirano:

> O camponês pobre russo era a vítima insignificante do czarismo, do capitalismo e da Igreja Ortodoxa. Para ele, foi fácil esquecer o Paizinho Branco, menos prontamente, mas de forma perceptível, ele se afastou de seus *ikona*; mas seus *gulags* se apegaram tenazmente ao capitalismo e estavam quase destruindo a revolução quando Stálin arriscou uma segunda revolução e tirou do caminho os sanguessugas rurais.

Nunca ocorre a DuBois se perguntar sobre a vida em um estado policial que seria repulsivo para o próprio Ivan, o Terrível, para nem falar do ameno e gentilmente liberal Nicolau II, ou se a Igreja Ortodoxa significava, para as pessoas comuns, mais do que um mero refúgio para sua miséria, ou se "sanguessugas" não estavam corretos, pois a Ucrânia ficaria improdutiva, com ervas daninhas crescendo no chão onde deveria haver trigo, porque a lida da terra exige inteligência e longa experiência, e não é obrigado a respeitar as fantasias políticas de ninguém.

No tocante à palhaçada, os gostos mudam de uma época para a outra, mas o essencial permanece. Hoje em dia, não reagimos em nossas palhaçadas servis de um modo tão viril como o de um DuBois. Não é vodca que consumimos, mas bebidinhas chiques, de modo que agora é a *drag queen* ridícula que se destaca, empinando e balançando os quadris e imitando todos os estereótipos de comportamento feminino que as próprias feministas rejeitaram com desprezo; mas quando se trata de autoaprisionamento e destruição da liberdade ordenada, nenhum sacrifício é grande demais, e assim os igualitaristas caem de joelhos em adoração.

Você deve obedecer. A única escolha é a quem, ou o quê. Mas não estamos progredindo em direção a uma sociedade rica e tolerante o suficiente para permitir que todos sigam sua própria inclinação, de onde quer que ela venha? Sua própria vontade, eu poderia dizer. Mas essa mentira, a mentira do progresso, levanta sua cabeça rugindo contra e obstruindo tudo o que eu disse até agora. Você, dragão, é o próximo em nossa mira.

Sexta mentira
O progresso cultural é inevitável

Ou, como diz o ditado, você deve procurar ficar do "lado certo da história".

O mais estranho é que, ao longo da história, houve mais pessoas que acreditavam numa decadência cultural do que no progresso cultural. No mínimo, havia um equilíbrio entre os partidários de ambas as tendências. No mundo romano, para cada expressão de mera tolerância para com os rudes e ignorantes ancestrais, você encontrará uma expressão de consternação diante da decadência atual. Lívio (59 a.C.– 17 d.C.) prefacia sua grande história de Roma contando ao leitor sua intenção de mostrar "o modo de vida e os costumes de outrora, e os homens engenhosos que deram origem ao domínio romano e o fizeram crescer", até que uma disciplina tão severa começou a decair, a princípio pouco a pouco, depois cada vez mais e de forma bastante precipitada, "até que chegamos, por fim, a estes tempos em que não podemos mais suportar nossos vícios nem seu remédio". Lívio começou a escrever sua história no ano 27 a.C. ou pouco depois, e trabalhou nela com regularidade pelo resto da vida. A época na qual ele escreveu foi, de fato, turbulenta. Havia cem anos que Roma estava sob o domínio de um conflito civil e, naquela fase final, restavam essencialmente as exterioridades do governo republicano, enquanto o poder de fato estava nas mãos de um imperador.

Na época de Tito Lívio, esse imperador era o frio, impiedoso, previdente e eminentemente capacitado Otávio Augusto César. Mas Roma nem sempre seria tão afortunada nesse aspecto. Depois de Augusto, veio Tibério com seu temperamento ácido, e depois Caio, apelidado de Calígula (isto é, "Botinha") quando, em menino, acompanhava seu pai Germânico nos campos militares. Nero ainda estava por vir e, embora Roma tenha desfrutado do governo de cinco bons imperadores consecutivos, de Nerva a Marco Aurélio (96 a 180 d.C.), também passou por um longo período em que quase todos os seus governantes detiveram o poder por períodos muito curtos, com o assassinato se tornando a forma padrão de substituir um imperador por outro. E então veio mais de um século de estagnação econômica e ondas de tribos germânicas invadindo o império.

Às portas do ano 1000, muitos cristãos pensaram que ele poderia representar o fim do mundo. Otimistas sempre os tereis. Mesmo quando o ano passou e o fogo não veio, encontramos o grande bispo Wulfstan, conselheiro de reis, legislador e administrador, além de ser um homem dotado de olhos para ver o que acontecia ao seu redor, iniciar com estas palavras uma homilia para o povo inglês: "Meus queridos homens, saibam a verdade! Este mundo se apressa para o seu fim, e pior fica quanto mais tempo passa. Sem dúvida isto acontece por causa dos pecados do povo, que cresce em maldade antes da vinda do Anticristo". Wulfstan não estava disposto a enganar ninguém. O rei Eduardo, lembra ele, "foi traído e depois morto, e seu corpo queimado", e depois o rei Etelredo "foi expulso de seu país", pelo que nobres dinamarqueses obtiveram o governo e a Inglaterra ficou num caos moral e social; e Wulfstan fala de modo bastante específico sobre os males a seu redor, incluindo o chocante estupro, por "dez ou doze homens, um após o outro", todos *vikings*, da esposa, filha ou parente de um *thane* que foi obrigado a assistir à violência. Ou "dois ou três marinheiros conduzindo rebanhos de homens cristãos, todos amarrados uns aos outros, de mar a mar ao redor do país, para nos envergonhar perante o mundo inteiro, se ainda formos capazes de passar por mais vergonhas".[64]

O próprio Jesus não diz que o mundo se tornará melhor e mais sábio com o passar do tempo. Ao contrário: haverá crise e "irá levantar-se nação contra nação, reino contra reino", enquanto as próprias pessoas não estarão cientes, pois "como foi nos tempos de Noé, assim acontecerá na vinda do Filho do Homem. Nos dias que precederam o dilúvio, comiam, bebiam, casavam-se e davam-se em casamento, até o dia em que Noé entrou na arca. E os homens de nada sabiam, até o momento em que veio o dilúvio e os levou a todos. Assim será também na volta do Filho do Homem" (Mt 24, 7; 37–39). "Ai, ai, ai dos habitantes da Terra", grita um dos anjos do apocalipse (Ap 8, 13).

"Mas o mundo ainda está aí", pode-se dizer, e o que o míope ateu Steven Pinker chama de "os melhores anjos de nossa natureza" vieram à frente do palco; hoje não assassinamos com a mesma frequência que costumávamos, nem estupramos, nem saqueamos, e assim por diante. Um progresso, portanto. Vamos examinar a questão mais de perto.

O fim está próximo

A primeira coisa que gostaria de observar é que a ideia ocidental de progresso histórico — bastante estranha às formas de pensamento que caracterizavam a China, o Japão e a Índia clássicos, que enfatizavam a estabilidade ou no máximo o tipo de mudança que se vê em uma roda giratória que, entretanto, não avança — não se origina principalmente da revolução científica. Em vez disso, ela vem das mesmas fontes escatológicas que no passado levaram Wulfstan a exortar seus compatriotas ingleses a se arrependerem de seus pecados, pois o mundo ao redor deles estava desmoronando. De certa forma, não é apenas o mesmo tipo

---

64 *Sermo Lupi ad Anglos.*

de mente que se entusiasma com visões de colapso ou de glória iminente, mas muitas vezes a mesma pessoa acredita em ambos; e se é colapso ou glória depende de qual característica da situação ela está contemplando.

Dante, por exemplo, foi influenciado pelos escritos proféticos e místicos do monge cisterciense Joaquim de Fiore (†1202), que interpretou o livro do Apocalipse como revelador do alvorecer da "terceira era", a era do Espírito Santo, na qual os homens viveriam em paz contemplativa e os judeus e pagãos seriam convertidos. Isso estava marcado para o ano de 1260 e, embora o cataclismo não tenha ocorrido, as teorias do abade continuaram a exercer alguma influência. Dante põe na boca de São Pedro uma queixa contra o papado, enraivecido pela corrupção da Santa Sé na época que o poeta atribui à sua peregrinação sagrada (1300, ano em que o Papa reinante era Bonifácio VIII, por quem Dante nutria uma antiga inimizade). São Pedro também prevê uma purificação que logo viria:

> Mas o alto poder que, com Cipião,
> de Roma a mundial glória defendeu,
> virá ao socorro, em minha previsão.[65]

A própria Beatrice, guia de Dante no Céu até quase o fim, se envolve no mesmo tipo de profecia apocalíptica, colocando-a no contexto de uma história longa o suficiente para ter acumulado uma grande discrepância entre o calendário juliano e o verdadeiro ano solar:

> mas, antes de janeiro os seus invernos
> perder, pelo erro que seu tempo altera,
> tanto arderão os círculos supernos,
>
> que a fortuna, que há tanto já se espera,
> as popas volverá todas às proas
> e a frota irá repor na rota vera:
>
> e das flores virão as frutas boas.[66]

---

65 *Paraíso*, canto XXVII, 61–63.
66 *Paraíso*, canto XXVII, 142–148.

Esse casamento entre o zelo reformador e a visão apocalíptica não só persistiu na Reforma Protestante como também se tornou um de seus principais motivos. Quando o poeta elizabetano Edmund Spenser, em *The Faerie Queene*, apresenta a Igreja Católica como a prostituta da Babilônia — na pessoa de Duessa, a tentadora e bruxa que tenta expulsar Una, a verdadeira Igreja, do coração do Cavaleiro da Cruz Vermelha — ele não está apenas apontando o dedo para os prelados que se comportam mal. Ele realmente considera esta como uma batalha cósmica que envolve toda a história cristã, de modo que quando, livre das amarras de Duessa e purificado de seu próprio pecado e insensatez, o Cavaleiro da Cruz Vermelha mata o dragão que tem assediado os pais de Una e seu reino, este evento une o início do homem ao seu fim. Pois o reino é o Éden, e o pai de Una, o rei, chama-se Adão.

Certa combinação de reforma social e eclesial inspirou o fervor de muitos dos primeiros grupos dissidentes da Reforma. Houve, por exemplo, um ressurgimento do antigo movimento adamita; seus adeptos alegavam ter recuperado a inocência perdida no Éden e, por isso, gostavam de andar nus, mesmo em seus cultos. Loucura, você diz? O apocaliptismo, seja ele otimista ou pessimista, de fato gera loucura. Considere o louco em *A duquesa de Malfi* (1623), de John Webster:

> PRIMEIRO LOUCO: O dia do juízo final ainda não chegou? Vou aproximá-lo com uma perspectiva[67] ou fazer um vidro que incendiará o mundo inteiro em um instante. Não consigo dormir, meu travesseiro está cheio de uma ninhada de porcos-espinhos.[68]

E um de seus companheiros:

> TERCEIRO LOUCO: O grego virou turco; só a tradução helvética[69] poderá nos salvar. [70]

---

67 Isto é, uma lente de aumento.
68 *A duquesa de Malfi*, Ato IV, cena 2, 73–75.
69 Ou seja, pela Bíblia calvinista de Genebra.
70 *A duquesa de Malfi*, Ato IV, cena 2, 85–86.

Esses são homens inofensivos presos em um manicômio, mas os *Levelers* (Niveladores), assim chamados por seus inimigos, não estavam presos; eles foram uma força importante na Guerra Civil Inglesa, exigindo o nivelamento das antigas distinções de classe e uma visão amplamente democrática da Igreja e do Estado. Eles localizavam seus antecessores nas questões de nivelamento, por exemplo, na revolta anabatista em Münster (1533–1535), em que o líder carismático João de Leiden tomou dezesseis esposas — sendo a poligamia uma característica estranhamente recorrente de movimentos entusiastas que pretendem conduzir a humanidade a um novo e grandioso futuro; veja a descuidada e superficial promiscuidade entre homens e mulheres em *Admirável Mundo Novo*, de Aldous Huxley, mas também a poligamia mais excelsa dos primeiros mórmons, que se autoproclamavam profetas, "santos dos últimos dias" para uma nova era e um novo mundo.

Quakers, Shakers, Saint-Simonianos, Fourieristas, Cientistas Cristãos, utopistas de todos os tipos, incluindo Francis Bacon em *The New Atlantis*, todos têm certas marcas de similitude e familiaridade:

Eles acreditam que a história humana está indo para um lugar identificável.

Acreditam que estão na vanguarda do movimento.

Acreditam que os modos antigos de pensamento, inclusive as piedades fundamentais, estão sendo superados e, portanto, devem ser descartados. Isso inclui a filosofia aristotélica da natureza que Bacon rejeitou com veemência.

Eles enxergam com desconfiança todas as estruturas sociais, acreditando que elas surgiram em virtude de condições e necessidades temporárias, e não como resultado da ação humana natural.

Mudança, não estabilidade, é a palavra de ordem.

A história humana, então, classifica ordenadamente seus santos e vilões, caracterizados não tanto por sua piedade ou bondade pessoal, mas por suas opiniões políticas, sociais, econômicas, científicas e religiosas "avançadas" ou "ultrapassadas".

O progresso cultural é inevitável

Algum evento externo é considerado como o impulso crucial para o salto ou sua consumação: a suposta redescoberta do cristianismo antigo, enterrado sob mais de mil anos de superstição; o destronamento de Aristóteles e Ptolomeu pelas novas teorias do movimento celeste; a tomada da Bastilha; a descoberta do Novo Mundo; o estabelecimento da puritana "cidade sobre a colina" de John Winthrop para brilhar como um farol para todo o mundo; a explosão de descobertas e invenções tecnológicas no século XIX; a Revolução Francesa e sua entronização da "Razão" — e assim por diante. O Terceiro Reich de Hitler; a Revolução Cultural de Mao e sua tentativa sangrenta de obliterar as "Quatro Velharias"; a rejeição de John Dewey aos métodos clássicos de educação em favor do que ele pregava como uma abordagem mais científica e democrática; a guerra para acabar com todas as guerras, de Wilson, as Nações Unidas vistas não como uma peça burocrática no mecanismo de agressão militar (papel que não conseguiu desempenhar em qualquer nível), mas como uma semente do que o mundo deve se tornar; o "passo gigantesco para a humanidade" quando Neil Armstrong colocou o primeiro pé humano na superfície da lua, dando um grande impulso às fantasias de ficção científica que, cinquenta anos depois, não promoveram qualquer avanço aparente nos assuntos humanos — esses não são, tanto quanto não parecem ser, os resultados de um pensamento ponderado; não são exatamente as coisas que concluímos, mas os bem desgastados sulcos pelo que pensamos, em primeiro lugar, e pelo modo como o pensamos.

Não foi Charles Darwin quem inventou a ideia de "evolução", uma palavra de que ele não gostava e que raramente usava. Essa ideia estava em toda parte, e encontrou um hospedeiro muito conveniente e nutritivo nas teorias biológicas e arqueológicas de Darwin. Devemos observar que Darwin não cometeu o erro de atribuir qualquer *fim* a essa evolução. Os saguis e os camundongos do campo não são supostamente *melhores* do que os dinossauros. Calhou simplesmente de serem mais adaptados às circunstâncias em que eles e as criaturas mais antigas se encontravam. Herbert Spencer e seus seguidores foram os pregadores populares da evolução, usando a teoria biológica como um trampolim para teorias sociais e políticas ou, com menos razão, embora com maior entusiasmo — muitas vezes de um tipo sangrento — para o ativismo social e político.

Teriam evoluído as verdades morais?

A resposta curta, aprovada por pagãos desde Platão e Cícero no Ocidente até Lao-Tsé e Mêncio no Oriente, é esta: não, as verdades morais não evoluíram. Se a apreensão de verdades morais absolutas e imutáveis por parte da humanidade se torna mais nítida com o passar dos anos é uma outra questão. Mas, primeiro, deixe-me voltar o raciocínio do evolucionista *contra* a noção de que, já que estamos do lado do progresso moral, podemos dispensar segura e alegremente aquilo que nossos avós consideravam verdade.

Se você conhecer um pouco mais profundamente um pessimista comum, talvez encontre um amante da humanidade, alguém tocado demais pelo sofrimento das pessoas comuns para sorrir e seguir seu caminho, assobiando. O pessimista, por não estar enamorado do futuro, estará inclinado a extrair o melhor do homem em seu estado real, grato pelo fato de as coisas não estarem piores. Mas, se você conhecer um pouco mais profundamente um otimista comum, geralmente encontrará um misantropo, porque o homem simplesmente não se conformará com seus sonhos de um futuro glorioso e, em geral, convenientemente vago. As virtudes do pessimista são a paciência e a tolerância; seu vício pode ser uma lentidão quanto a empreender reformas possíveis e desejáveis. A virtude do otimista é a alegria (às vezes superficial) e uma prontidão para a realização de reformas; seus vícios são a impaciência, a intolerância e a ingratidão.

Desse modo, o elemento presente no mundo que mais ameaça a realização de seus sonhos do otimista progressista

O progresso cultural é inevitável

é o próprio homem — o homem que é recalcitrante, teimoso, desmemoriado, propenso ao vício, orgulhoso, invejoso e ambíguo em seu coração. Se o otimista se olhasse no espelho, veria tanta coisa para ser reformada, ou para motivá-lo a implorar a graça reformadora de Deus, que não teria tempo para importunar seu vizinho até a morte. Mas ele não se olha no espelho. E quando olha para o mundo e vê que a humanidade atingiu um grau de riqueza capaz de aliviar quase toda a pressão evolutiva contra o vício e a estupidez, o fato de que *haverá muitos tipos errados de pessoas* o leva ao paroxismo, e por isso ele forma o propósito de tomar em suas próprias mãos o futuro biológico e demográfico do homem, vendendo anticoncepcionais para as classes mais baixas e usando as escolas não como lugares onde os jovens aprendem a sabedoria que seus ancestrais conquistaram a duras penas, mas como centros de recrutamento para a grande causa universal que é o salto moral e social para a frente.

As primeiras pessoas a comercializar preservativos de látex eram, em geral, dotadas de sensibilidade puritana. Seu objetivo não era espalhar o vício, mas reduzir os nascimentos — os nascimentos errados. Theodore Roosevelt e Woodrow Wilson, o republicano progressista e o democrata progressista, eram ambos simpáticos à ideia da eugenia, embora bastante hostis à efeminada noção de um relaxamento dos costumes sexuais. Grande amigo de Roosevelt, o romancista e ensaísta Owen Wister certa vez o ridicularizou por seus costumes antiquados, porque ele não cumprimentou Máximo Gorki em visita aos Estados Unidos: Gorki, tendo uma esposa inválida, tinha também uma amante. Mas não se pode vender contraceptivos sem vender vícios, e isso mais uma vez foi comprovado, especialmente depois da invenção da pílula. Portanto, foi necessário rebatizar o vício como virtude, e os preguiçosos, mal-pensados e covardes que se dão ao vício passaram a ser considerados ousados e astutos. Você não terá caído de um precipício se disser que se jogou de propósito, chamando o movimento de "ascensão" e "avanço".

No entanto, se observarmos a situação com o olhar frio de um teórico da evolução, veremos imediatamente que as pressões pragmáticas que antes ensinavam às pessoas a honestidade, a continência sexual e a integridade desapareceram, *sem nenhuma penalidade demográfica ou cultural imediata e óbvia* para as sociedades que abandonaram essas virtudes. Se nada mais o corromper, a fome ensinará o fazendeiro a ser um golpista. Nos vilarejos de antigamente, onde todos se conheciam, o trato desonesto lhe rendia o desprezo dos circunstantes, e isso era intolerável. Quando toda criança prestes a nascer representa um perigo considerável para a vida da mãe e quando ninguém está disposto a derramar o suor sobre as últimas porções (pouco) cultiváveis de um campo para sustentar o filho de outro homem, as pessoas aprendem a manter as calças e as saias no lugar até que se casem — apesar das escapadas ocasionais com uma certa profissão de mulheres. Se as tempestades chegarem e destruírem uma ponte, seus homens devem começar a reconstruí-la imediatamente. Eles precisam de algo além das habilidades necessárias para fazer isso. Eles precisam ter vontade; precisam ver a reconstrução como seu dever. Se os vizinhos forem acometidos por varíola ou escarlatina, é preciso cuidar de seus filhos, e esse dever recai sobre as mulheres. E observar que elas devem entender que o tratamento que dão aos seus vizinhos e conterrâneos será o mesmo que receberão em troca não redunda em menosprezo quanto ao valor moral de suas ações.

No entanto, agora somos ricos o suficiente para nos permitir todos os vícios imagináveis. A experiência, mestra severa do aluno que tiver ignorado o conselho mais gentil da sabedoria, está ausente do campo de batalha ou virou a casaca, juntando-se aos barulhentos pelotões do vício. Se *você* for manter a lei moral *agora*, muitas vezes se sentirá sozinho, desprezado ou tratado com notável indiferença. Os políticos sempre estiveram, como classe, um passo ou dois à frente dos golpistas e das prostitutas, mas hoje, onde está a pressão pragmática para mantê-los honestos? O perdulário não gosta de olhar seu extrato bancário, e as pessoas perversas não gostam de ser lembradas das virtudes que não possuem. Quando foi a última vez que um político renunciou, de bom grado, para o bem do corpo político, porque o mero cheiro de desonestidade, de lucro com um conflito de interesses, de troca de influência por dinheiro arruinou, como esterco em um banquete, o teor moral do empreendimento? Passamos a eleger nossos políticos não pelas simples e enfadonhas virtudes antigas, mas por seus vícios, pela promoção de nossos vícios e por seu talento marketeiro. Eles são o que os italianos costumavam chamar de *ciarlatani*, "tagarelas", saltimbancos — palavra que significa que eles subiam em bancos para se dirigir às multidões — vendendo os elixires que seus cúmplices, os institutos de pesquisa de opinião, determinaram que o povo quer comprar.

Pelo critério dos próprios evolucionistas, pela medida de um sucesso e de um fracasso com consequências consideráveis para ambos os lados, é totalmente irracional supor que hoje em dia estejamos *progredindo* em sabedoria moral. A riqueza já tornou muitas crianças mimadas. Nossa riqueza é como um pai desatento e descuidado.

Nós melhoramos em algo?

Mas será que nossa moral melhorou de fato, independentemente da falta de pressão? Aqui precisamos ser cuidadosos, porque as questões humanas são sempre complexas. Raramente uma sociedade se afunda em *todos* os aspectos morais. O século que conheceu Calígula e Nero, e o escabroso, embora divertidíssimo, *Satíricon* de Petrônio, também viu algumas melhorias nas proteções legais para os escravos, e a maldade de Roma, a traição e a loucura de suas revoltas políticas não significavam que as pessoas que viviam nas regiões periféricas fossem igualmente traiçoeiras e loucas. Era comum que as pessoas do campo mantivessem seus antigos costumes e, como demoravam a adotar os vícios da cidade, também demoravam a se converter à fé cristã: por isso, o nome levemente depreciativo pelo qual eram conhecidos, *pagani*, "caipiras dos pagos, isto é, do campo", passou a designar os adeptos das antigas formas de adoração religiosa romana.

Fico feliz em admitir que, hoje, as estupidezes racistas foram em grande parte eliminadas. Observo, no entanto, que estamos falando aqui sobre a rejeição de algo bastante bizarro e, em aspectos importantes, bastante moderno: o racismo de antigamente não pedia que as ciências tocassem trombetas diante de si, anunciando o amanhecer do progresso social e da demografia gerenciada inteligentemente. O racismo de antigamente, tal como podemos encontrá-lo, não era racismo em nossos termos modernos, mas rivalidade étnica: Israel contra Moabe, suecos contra geatas, atenienses contra espartanos, gregos em geral contra persas e até mesmo os etruscos de Veios (a uma cusparada de distância da cidade nova) contra os primeiros romanos, se formos confiar nas antigas lendas que Lívio relata. Muitas vezes observei que não sabemos como era a aparência de Santo Agostinho, porque ninguém considerou este dado digno de relato; ele nasceu no norte da África, seu pai tinha nome romano, o que não prova nada, e sua mãe tinha nome púnico, o que sugere que ele tinha sangue semita. Ele tinha pele escura? Alguma porção etíope? Cabelos ruivos, como muitos dos berberes? Ninguém sabe. A maioria dos imperadores romanos após o primeiro século nem sequer vinha da Itália. Alguém se importava com a "raça" a que pertencia o africano Septímio Severo, se é que os romanos conseguiam entender o termo como ele tem sido usado no Ocidente moderno? Diz a lenda que São Tomé foi à Índia para evangelizar os hindus. Não há nada na lenda que registre alguém pensando que ele estava se dirigindo a uma outra raça biológica de pessoas humanas.

Vamos também admitir alegremente que a maioria dos preconceitos intelectuais contra as mulheres foi eliminada. Não concordo que, em geral, hoje as mulheres sejam mais bem tratadas que no passado, longe disso, ou que sejam mais felizes, ou que elas e seus companheiros sejam pessoas melhores, com cada sexo mais grato pelo outro do que nunca. Mas admito que é bom o fato de ninguém mais achar estranho que uma mulher seja médica, dentista, professora e assim por diante.

Podemos creditar muito ao avanço moral. E mais algumas coisas também. Somos, de longe, menos cruéis com os animais do que costumávamos ser, embora esse julgamento deva ser moderado; a maneira como os criamos para a alimentação não se presta, creio eu, a um exame moral. Não é que os matemos e comamos, mas sim que não lhes permitimos viver realmente como animais; nesse aspecto, o caçador que persegue e atira em veados, faisões ou galos silvestres é muito mais humano, na ação prática, embora nem sempre em sua intenção interior, do que o industrial que enche as galinhas de hormônios e ração e mal lhes permite ter acesso a um celeiro comum.

Nossa consciência é mais terna em relação ao tratamento de crianças. Somos capazes de detestar qualquer pessoa que bata em uma criança, embora não tenhamos escrúpulos em matá-la no útero. Tampouco consideramos hediondo expor as crianças a todo tipo de sujeira moral na mídia ou serrar suas almas ao meio com o divórcio. Bem, talvez seja melhor o otimista não observar com muita atenção essa área de ação moral.

As taxas de homicídio nos Estados Unidos — não sei se em todos os outros países do mundo — não têm piorado em relação ao passado. Não sei se isso significa que somos menos devorados pela ira e pelo ódio que levam ao assassinato. O crime organizado não é tão poderoso como na época de Al Capone. Uma porcentagem muito menor de nossa população está exposta a grande violência: estou falando de homens jovens. O idoso não é necessariamente *melhor* do que o jovem só porque é menos propenso a matar; é menos provável que ele seja *capaz* de fazê-lo e muito menos provável que seja destemido, supondo que esteja disposto e seja capaz. A incapacidade e o temor não são virtudes morais. Devemos considerar também nosso modo ineditamente antissocial de vida. É improvável que Polifemo, o ciclope, assassine outro de sua espécie, mas isso não se deve ao fato de ele ser bom. É porque ele e os outros não têm quase nenhum contato entre si. As pessoas que vivem em celas de hospício acolchoadas, construídas por elas mesmas, provavelmente não matam nem fazem muitas outras coisas com impacto social: nem coisas boas nem más. Mas isso se deve ao fato de habitarem celas, não ao hábito da virtude. Mostre-me um povo que tenha inúmeras relações de todos os tipos, todos os dias, com uma grande variedade de seus semelhantes, e onde ainda assim ninguém sufoque, nem atire, nem afogue nem obrigue um semelhante a assistir ao *The View*; e então acreditarei que tal povo atingiu um grau respeitável de paz e tolerância.

Como podemos medir o *status* moral de uma sociedade? Em minha Igreja, a Católica Romana, costumávamos ser instruídos, antes de nos confessarmos, a considerar os Dez Mandamentos, um após o outro, em todas as maneiras pelas quais uma pessoa poderia pecar contra eles e contra as virtudes que eles pretendem promover e proteger. Poderíamos então fazer o mesmo com os homens e mulheres de hoje.

Primeiro mandamento: "Eu sou o Senhor teu Deus; não terás outros deuses diante de minha face". Não creio que aquele que crê no progresso moral queira saber desse mandamento. Ele chama sua indiferença, ou seu desprezo por Deus, de virtude. Virtude esta nada difícil de praticar; basta que você não faça absolutamente nada. Mas, como já sugeri, é *inevitável* que homem *adore* e, se o receptor de sua adoração não for Deus, será alguém ou alguma outra coisa: riqueza, sexo, poder, prestígio e todos os outros objetos usuais de ambição. Não, não acredito que tenhamos avançado nesse aspecto.

Segundo mandamento: "Não tomarás o nome do Senhor teu Deus em vão". Em toda parte, há profanação e esquecimento ou desprezo pelo sagrado. O que impediria nossas bocas de ofender o sagrado?

Terceiro mandamento: "Lembra-te de santificar o dia de sábado". Não precisamos pensar aqui naquelas interpretações errôneas e sombrias do mandamento que condenavam as pessoas a se enfiar em ternos engomados para viver tardes mortas e desconfortáveis. A ordem deste mandamento é que

O progresso cultural é inevitável

festejemos: devemos ver que a vida humana não é orientada para o trabalho, a ambição, o ganho de dinheiro ou a ociosidade, mas para a alegria, e alegria em abundância. A alegria, entretanto, não pode ser fabricada. Ela é tanto uma dádiva para a alma quanto o transbordamento de gratidão da alma em troca da dádiva. Considere os sinos da igreja tocando em cada pequena paróquia de uma cidade italiana. Eles reúnem as pessoas, e somente um objeto comum de devoção é capaz de unir os homens nas profundezas de seus seres. Assim, uma cidade sem igrejas, por assim dizer, não é cidade de forma alguma, mas uma mera ficção geopolítica.

É claro que os ateus dirão que o desvanecimento da adoração no homem é um sinal de progresso, mas podemos encontrá-los em seus próprios termos e perguntar-lhes (supondo que eles preservem algum grau de nossa humanidade comum) se qualquer coisa ocupou no coração dos homens o lugar de Deus de modo a inspirá-los a construir algo tão impressionante como a catedral de Colônia, ou a escrever algo tão brilhante e profundamente comovente como a *Paixão segundo São Mateus*, de Bach, ou a, numa noite gelada, reunir pessoas de ambos os sexos e de todas as idades para ir de casa em casa de sua vizinhança cantando — ora, é claro, cantigas natalinas; os sem fé têm algo para substituí-las? E entretanto, os benefícios estritamente *humanos* do Sabbath praticamente desapareceram. Até cerca de dez anos atrás, ainda havia em Nova Scotia, onde moramos no verão, leis que proibiam a operação da maioria dos tipos de negócios no domingo. Essas leis sobreviveram a um ataque após o outro, até que finalmente caíram — e com os resultados previsíveis. Em vez de ter um dia em que se podia contar com a presença de todos em casa, o domingo se fundiu à segunda-feira, e as poucas atividades casuais que você poderia encontrar na vizinhança desapareceram um pouco mais. Os novascotianos foram impedidos de defender a folga dominical através do argumento de que ela os ajudava a orientar corretamente seus pensamentos para Deus e Suas dádivas. Uma sociedade secular rejeita este tipo de argumento. E quando se recusaram a admitir que estavam pondo a perder um bem celestial, acabaram perdendo o bem terreno ao mesmo tempo.

Quando a virtude moral *se desenvolve*, ela faz o que a palavra sugere: *ela se desdobra*, possui um poder maior e uma aplicabilidade mais ampla; dá frutos mais abundantes; suas raízes penetram mais profundamente no coração humano. Decadência não é desenvolvimento. Um homem que manca com uma bengala não está melhor se se comparar ao tempo de suas pernas jovens, quando subiam em árvores e corriam por um campo de futebol. Você não se torna mais honesto ao redefinir suas mentiras. Reverenciamos pouco, e isso é visível: nos tornamos desleixados e irreverentes, e, depois que o primeiro gosto falacioso do fruto da irreverência some da boca, qualquer riso que ela provoque é infeliz e cansado.

Quarto mandamento: "Honra teu pai e tua mãe". Esse é o mandamento da *piedade*, intimamente relacionado ao mandamento anterior. Ela é, como já foi observado muitas vezes, a porta de entrada que se abre para as duas direções, o mandamento que liga os mandamentos que prescrevem nossos deveres para com Deus àqueles que prescrevem nossos deveres para com nossos semelhantes. Pois na família, nas relações mais fundamentais de marido e mulher, pais e filhos, irmãos e irmãs, aprendemos tanto a adorar a Deus quanto a tratar uns aos outros com justiça e amor. Jesus diz que toda a lei e os profetas dependem de dois mandamentos, que na verdade são um só: "Amarás o Senhor, teu Deus, de todo o teu o coração, de toda a tua alma e de todo o teu espírito" e "Amarás teu próximo como a ti mesmo" (Mt 22, 36–40). Se alguém aprender essas coisas, será em meio à família.

O mandamento ordena que os filhos honrem e obedeçam, e não apenas quando são pequenos demais para cuidar de si mesmos. Quando a mente de minha avó estava se deteriorando e ela não conseguia mais se alimentar ou cuidar de si mesma, meu pai disse, em termos pouco discretos para que eu os repita aqui, que ele poderia muito bem fazer por ela, então, qualquer coisa que ela tivesse feito por ele quando ele era bebê. A honra e a obediência se estendem por toda a vida. Ele nunca falou mal de seu próprio pai, que bebia demais e era rude quando estava bêbado; ele bebia para aliviar a dor constante de um pescoço quebrado em uma explosão de mina. Meu pai gostava mais de meu avô materno, mas nunca houve qualquer dúvida quanto ao dever que ele tinha para com seu velho, e nem uma única vez ele nos impediu de desfrutarmos da companhia de nosso avô.

Os avós participam regularmente da vida dos filhos de seus filhos? Poderíamos também perguntar se os próprios pais são as principais luzes na vida de seus filhos. Quando eu era menino, a escola consumia seis ou sete horas por dia, cinco dias por semana, do início de setembro ao início de junho. Ela não exigia uma hora adicional por dia, ou mais, em um ônibus. Não invadia o mês de agosto. Durante as férias, éramos livres. Não havia tarefas de verão. Aliás, não havia muitos deveres de casa. Tínhamos as consideráveis distrações da televisão, mas não a tela do computador e a *internet*. Pais e filhos passavam mais tempo juntos, e era provável que você tivesse tias, tios e primos por perto, sem mencionar seus irmãos e irmãs. Para o que é o trabalho de um homem, diz Péguy, se não pelo bem de seus filhos? Mas agora invertemos a relação e, com muita frequência, vemos as crianças como um obstáculo ao nosso trabalho, considerado mais importante. As crianças foram relegadas a um segundo plano. Se você tivesse que criar um modo de vida exatamente calculado para manter as crianças seguras em seus corpos, mas para sufocar suas almas, tolher sua imaginação, embotar sua iniciativa e garantir que elas serão, em sua maioria, solitárias e mal-humoradas, tornando-as como alienígenas em relação ao mundo natural que as cerca, você não poderia fazer isso de forma mais precisa do que fizemos. Portanto, se você perguntar se evoluímos moralmente no cuidado com as crianças, responderei perguntando quando foi a última vez que viu uma vizinhança repleta de crianças, brincando com jogos criados por elas mesmas; ou qual é a probabilidade de uma criança crescer com uma mãe e um pai casados; ou se somos capazes de proteger a inocência delas.

Quinto mandamento: "Não matarás". Falei acima sobre nossas taxas estáticas de homicídio — estáticas, se não considerarmos o milhão de crianças eliminadas pelo aborto nos Estados Unidos a cada ano. Não me parece, com base na história do século XX, que estejamos menos aptos a massacrar inúmeras pessoas em guerras. Tampouco me dá confiança em nosso avanço moral o fato de que agora parecemos vender a morte como uma maneira confortável de se livrar do desespero, se você decidir que está triste demais para continuar vivendo. Os próprios hospitais agora receitam morfina, uma droga que não tem nada de recente, como uma maneira de suprimir a respiração de pessoas com doenças terminais, mesmo quando elas não estão sentindo dor. A admoestação hipocrática de "não causar danos" é ignorada. Em alguns países, pessoas com doenças perfeitamente curáveis não recebem os cuidados de que precisam porque os serviços nacionais de saúde as consideram muito velhas. Eles são abandonados à morte como os velhos e doentes de certas tribos nômades quando já não conseguiam mais prosseguir em sua árdua jornada pelo deserto, embora vivam em circunstâncias nas quais não há nada parecido com a urgência e necessidade bruta que afetavam aquelas tribos.

Mas o mandamento proíbe mais do que matar. Ele proíbe a ira e o ódio, o desejo de ferir, de destruir. Com razão, condenamos os homens que costumavam duelar até a morte por uma questão de honra. No entanto, esses homens pelo menos tinham coragem física para isso. O que pensamos de pessoas que, da segurança de suas casas, agem de modo a destruir a carreira de alguém? Ou de pessoas que alimentam ódios, beneficiando-se politicamente com isso — um jogo que não se limita a um lado do espectro político? Ou atos de desordem, tumultos e caos civil? Se você disser que "essas coisas não acontecem em nossa cidade", perguntarei imediatamente: quanto você "paga" por sua relativa segurança atrás de portas trancadas, portões de condomínios fechados, policiamento ostensivo e uma vida social dificultada?

Sexto mandamento: "Não cometerás adultério". Sem comentários: esse exigiria um livro inteiro. O colapso da moralidade sexual tem sido acachapante e desastroso. É o que chamei de Revolução Solitária, e seus adeptos sequer se dão ao trabalho de fingir que ela faz as pessoas felizes. Ela os alienou; meu testemunho é irrelevante. A amargura em sua música e literatura são prova disso.

Sétimo mandamento: "Não furtarás". Por esse mandamento, somos instados a considerar como coisa sacrossanta a propriedade alheia. Ele proíbe não apenas as ações mais flagrantes de furto, roubo, assalto, desfalque e fraude bancária. Ela se estende ao respeito pela propriedade como tal, porque a propriedade geralmente é o resultado ou a manifestação de uma longa história humana. A terra que uma família possui e cultiva não é apenas o solo sob seus sapatos. É o suor do bisavô que agora jaz nas terras da família. É a fileira de macieiras e pessegueiros que o avô plantou em sua velhice, sabendo que ele mesmo não se beneficiaria de seus frutos. A casa em que escrevo estas palavras, em uma sala cercada de prateleiras com milhares de livros, não consiste apenas da madeira e a pedra que a compõem, mas de inúmeros sacrifícios, investimentos, aquisições, embelezamentos e reparos que minha esposa e eu realizamos, aqui e em outros lugares em que vivemos, ao longo de toda a nossa vida de casados. Tenho livros que significam mais para mim porque os herdei de um colega especializado em literatura medieval, ou de meu amigo físico idoso, ou de padres que conheci e que já faleceram.

A propriedade, como Richard Weaver observou em *As ideias têm consequências*, é o último objeto metafísico que os americanos ainda conseguem compreender; mas essa compreensão tornou-se muito mais tênue desde a época da publicação de sua obra. A propriedade humana — propriedade pertencente ao homem, para o homem — se estende ao passado e ao futuro. Se você a trata com desprezo, considerando a morte de um indivíduo como a oportunidade de dissolver seu patrimônio e distribuir os lucros, ou cobrando impostos tão altos que a transmissão intergeracional da propriedade se torna praticamente impossível, você é uma espécie de ladrão, mesmo que seu lucro seja político ou ideológico e não financeiro.

No entanto, a propriedade também deve ser usada para o bem comum e não apenas para o desfrute particular, o que significa que os ricos têm um dever para com os pobres. Duvido muito que esse dever seja cumprido por um vasto estado de bem-estar social repleto de riscos morais que tendem a manter os pobres em sua posição de dependência. O dever *pessoal*, aparentemente, não é mais cumprido de forma alguma. Se você desfruta de sua casa de um milhão de dólares em um bairro longe da visão e do cheiro dos pobres e tranquiliza sua consciência dizendo a si mesmo que votou para alimentar e aumentar o estado assistencialista, eu me pergunto se você simplesmente não deu expressão ao seu egoísmo e negligência de duas maneiras simultâneas.

Enquanto isso, sob o pretexto da justa indignação, muitos americanos em nossas cidades aguardam a próxima oportunidade de se meterem no tipo de atos que Edward Banfield, em *The Unheavenly City*, chamou incisivamente de "saquear primariamente por diversão e lucro" enquanto a polícia se faz de cega. Faz alguns anos que nossa agência local dos correios, em uma área rural de New Hampshire, fechou com fita adesiva sua caixa de correio externa, devido ao risco de que envelopes contendo cheques bancários fossem "pescados". Aparentemente, o problema é grave em Baltimore, e não se limita a um simples roubo. Às vezes, alguém altera o valor de um cheque, de modo que o banco o troca por US$ 5.000 em vez de US$ 50.

O roubo, é claro, sempre esteve conosco. As canções folclóricas irlandesas, até onde sei, falam principalmente de bebida, garotas bonitas, saudades da terra natal, espancar soldados britânicos e roubar coisas de outras pessoas. Tenho uma moeda de 1883 que foi banhada a ouro por algum ladrão mal-intencionado, porque originalmente a moeda não tinha a palavra

CENTS, apenas um V, o número romano para cinco. Os ladrões davam à moeda uma camada dourada a faziam passar por uma moeda de cinco dólares. O homem que viajava pela perigosa estrada entre Jerusalém e Jericó caiu no meio de ladrões que o roubaram, bateram nele e o deixaram semimorto. E, no entanto, quando eu estava crescendo, as pessoas deixavam as chaves no carro o tempo todo porque era conveniente fazer isso. No máximo, essa é uma questão em aberto.

Oitavo mandamento: "Não levantarás falso testemunho contra teu próximo". Se quisermos acreditar em progresso aqui, devemos supor que os acadêmicos, jornalistas, políticos, professores, empresários, advogados e pessoas comuns hoje são mais escrupulosamente honestos do que nunca. Devemos acreditar que os acadêmicos e cientistas nunca exageram em suas afirmações; nunca plagiam; não manipulam a estrutura de seus experimentos em vista dos resultados desejados; não citam como prova o que é, na melhor das hipóteses, um forte indício; representam a posição contrária de forma respeitosa, precisa e honesta; não envenenam o poço;[71] não mascaram o ativismo político como uma avaliação imparcial e desinteressada; não atacam a carreira e a reputação de seus oponentes. Os jornalistas se esforçam ao máximo para descobrir exatamente o que aconteceu, em vez de aceitar a história mais fácil; quando fazem reportagens sobre leis, leem o que estão relatando; quando fazem reportagens sobre um acadêmico, leem a lei sobre a qual escrevem; não manipulam o sistema deixando que um lado de uma controvérsia tenha a última palavra. Os professores não escondem sua ignorância ao adotar o caminho mais fácil, que em nossa época é discutir tudo a partir de uma visão política pré-fabricada; eles não escondem nem disfarçam suas ações nem dos pais mais interessados. E assim por diante.

Há muitas maneiras de violar esse mandamento, e a maioria delas tem a ver com o desejo de prejudicar outras

---

71 Falácia lógica que busca desqualificar o oponente através da exposição não ligada ao assunto de dados de sua vida pessoal — NT.

pessoas, destruindo suas reputações. Antes de existirem as mídias sociais, havia um limite para a capacidade de fofocar, de revelar coisas desagradáveis sobre seu próximo, de tirar conclusões precipitadas às custas dele e depois espalhar essas conclusões, e de dar a pior interpretação às suas palavras ou ações. Também éramos restringidos por uma consideração prática: seu vizinho poderia bater à sua porta e pedir para ter uma conversa com você. Havia outra consideração prática: os amigos com quem você fofocava poderiam ter algumas coisas desagradáveis para revelar sobre você, e suas ações lhes dariam o aval para revelá-las. As pessoas costumavam dizer que viver em uma cidade pequena era desconfortável porque todos sabiam dos assuntos dos outros. Isso é verdade, mas a alternativa, neste momento, não é viver em uma cidade onde ninguém conhece ninguém, mas sim mergulhar em um caldeirão mundial de desinformação, calúnias levianas e a degradação do bom nome das pessoas, até ao ponto de deixá-las sem meios de subsistência, tudo isso sem precisar sequer olhá-las nos olhos.

Nono e décimo mandamentos: "Não cobiçarás os bens do teu próximo"; "não cobiçarás a mulher do teu próximo". Esses mandamentos tratam de mais do que ações. Eles condenam o estado espiritual que dá origem às ações. Não devemos cobiçar: não devemos olhar com desejo e inveja para aquilo que outra pessoa tem e nós não. Estou longe de ser a primeira pessoa a observar que toda a nossa economia é alimentada pela cobiça, pelo sentimento de desconforto que temos quando percebemos que outra pessoa possui algo que nós não temos. Imagine o que aconteceria se nos concentrássemos em atender às nossas necessidades reais e moderar ou restringir nossos desejos. Imagine, isto é, quantas pessoas conseguiriam viver com uma renda modesta, em casas modestas, porque seus vizinhos não teriam, com seus excessos, aumentado os preços de bens dos quais todas as pessoas, independentemente de serem pobres, precisam: um lugar para morar, roupas confortáveis, alimentos nutritivos, algum entretenimento e meios para ir e vir.

O progresso cultural é inevitável

Não tenho nenhum desejo, nem pessoal nem político, de privar qualquer homem rico de suas propriedades. Mas também não tenho ilusões sobre o perigo moral, para a pessoa e para a sociedade, das grandes riquezas e do apetite aquisitivo. Não é bom que ricos e pobres vivam tão distantes uns dos outros que não mandem seus filhos para as mesmas escolas públicas, não frequentem as mesmas igrejas, não frequentem as mesmas lojas e não se encontrem regularmente na rua. Os homens mais ricos da minha cidade natal eram o dono da maior mercearia, ainda bem pequena para os nossos padrões atuais, o dono da farmácia mais antiga, também pequena para os nossos padrões, o médico e o agente funerário. Fui à escola com os filhos deles e joguei bola com eles na Liga Infantil local, como também fazia com as crianças que tinham de trabalhar depois da escola para ajudar nas despesas da família. Ninguém achava isso incomum.

Não estou dizendo que deveria haver leis que proibissem as grandes empresas de se posicionar no mercado de qualquer bem específico. O que estou observando aqui é o quadro geral. É a tendência de nos afastarmos das empresas familiares, com todas as suas características individuais, em direção ao que é grande, distante, impessoal e padronizado. Essa minha cidade natal não era um campo energético da ação econômica. Ela e suas vizinhos caíram em depressão quando as minas de carvão antracito acabaram; a última delas, onde eu morava, fechou as portas quando eu tinha dez anos de idade, embora ainda fosse possível receber entregas de carvão em casa para a fornalha. Mas a vida é muito diferente em ambientes onde uma criança pode sair da escola na hora do almoço para comer um sanduíche na lanchonete da rua principal e, na volta para casa, pode entrar em uma pequena *drugstore*[72] para comprar uma revista em quadrinhos; e, depois de trocar de roupa, vai à mercearia da família para pegar os jornais que vai entregar, tomando uma caixinha de suco de laranja; e, depois de

---

72 No século XX, nos EUA, as farmácias desempenhavam um papel semelhante ao das atuais lojas de conveniência — NT.

entregar todos os jornais, pode jogar beisebol com as crianças da vizinhança, porque o ancião proprietário do terreno do outro lado da rua permite que elas o usem à vontade.

Progresso nas estruturas sociais?

Podemos dizer que a riqueza nos trouxe uma grande oportunidade de aliviar o sofrimento que o homem, antes da Revolução Industrial — e, na verdade, durante essa revolução, se você fosse desse o azar de trabalhar nas usinas, fundições ou minas — tinha como fator normal de sua vida. Em 1897, o reformador social Jacob Riis descreveu a limpeza de uma das ruas laterais da cidade de Nova York que havia ficado entupida da lama e sujeira de décadas de incúria. Os bombeiros pegavam suas mangueiras e as viravam para os becos, as varandas dos cortiços, os bueiros e as ruas próximas, às vezes fazendo brotar jorros de lama marrom. Eles passaram o dia todo fazendo isso, e a rua continuava mais suja do que nunca. Os escarnecedores se divertiam com suas piadas, mas a cidade e os bombeiros não desistiram e, quando voltaram para fazer uma limpeza mais completa, foi como se as crianças daquele bairro pudessem respirar ar de verdade pela primeira vez. Riis acreditava, com razão, que as crianças se rendem facilmente à maldade quando vivem na miséria. Daí seus incansáveis esforços para que os cortiços fossem reformados ou condenados, e sua insistência para que as cidades americanas abrissem espaços livres para que as crianças se divertissem, em vez de deixá-las principalmente em becos sujos onde há vagabundos pedindo dinheiro, cigarros e coisas piores, e onde os jovens aprendiam a bater carteiras antes de aprender a ler.

São tantas coisas que tomamos por certas e não valorizamos! Quem mora na cidade de Nova York hoje, ao abrir a torneira, obtém água fresca e limpa. Se você morasse lá em 1860, provavelmente usaria a água da chuva que caía nos telhados dos cortiços coletada em cisternas, e isso significava apenas um galão ou dois por dia, por residência. Pense no que isso significa para cozinhar, sem mencionar a limpeza de seu corpo. Nos cortiços também eram comuns os incêndios; lembre-se de que o fogo era necessário para preparar as refeições. E onde você obtinha sua comida? A maior parte vinha das redondezas, e isso não é necessariamente uma coisa ruim, exceto pelo fato de que isso também significava que muitos moradores da cidade criavam galinhas e os porcos andavam livremente pelas ruas, comendo lixo.

Você está com febre alta? Esqueça os medicamentos à base de sulfa e os antibióticos. Precisa baixá-la com gelo. Onde você o obtém? Nas casas de gelo, ou seja, nos enormes blocos de gelo que homens e rapazes cortavam, no inverno, de lagos e lagoas congelados. Mas, às vezes, o inverno era excepcionalmente quente e as casas de gelo ficavam sem gelo antes do inverno seguinte. Nesses casos, não havia nada para baixar sua temperatura.

Muitas foram as maravilhas da tecnologia nos últimos duzentos anos: o motor a vapor, o motor a combustão, a refrigeração (a invenção mais libertadora para as mulheres), a energia elétrica, o automóvel, o trem, o avião, a câmera em todas as suas formas, o rádio, a televisão e, agora, o computador de alta velocidade, que trouxe o acervo mundial de conhecimento e arte ao alcance de quase todos na Terra — desde que tenham inteligência e desejo de aprender. As doenças infantis que antes matavam ou incapacitavam tantas pessoas agora se tornaram praticamente impotentes; e um homem de sessenta anos hoje parece mais jovem do que seu avô aos cinquenta ou até mesmo aos quarenta. Tudo isso é bom, e eu seria um ingrato infeliz se o negasse.

Mas uma coisa é dizer que nossas ferramentas estão melhores do que nunca, e outra é dizer que fazemos coisas melhores com elas. Se você diz que nossas *estruturas sociais evoluíram*, devo confessar que não consigo entender do que está falando, pois isso seria como dizer — estou exagerando, é claro, mas quero deixar claro — que nossos dinossauros evoluíram, porque já não os temos mais.

As pessoas simplesmente não fazem coisas sociais umas com as outras como costumavam fazer, porque, em parte, conseguem sobreviver sem elas. A perda em nossa experiência de vida é incalculável. O coral masculino sueco mais antigo dos Estados Unidos, o Verdandi Male Chorus, a cujos concertos eu assistia todos os anos e cujos membros conheci como amigos, porque minha filha cantava no coral feminino correspondente, fechou as portas em 2010, depois de 115 anos de canto, por falta de jovens interessados em fazer parte dele. Toda igreja antiga dá testemunho silencioso de coros que se foram, às vezes em hinários antigos a acumular poeira em um armário; e é possível saber, pelas anotações a lápis de alguém, que os livros eram usados, e é possível avaliar a dificuldade do que os cantores faziam pela forma dos cantos ou das músicas. Robert Putnam chamou o fenômeno, em seu livro com esse nome, de "boliche a sós", considerando como diagnóstico o desaparecimento de uma forma de entretenimento realmente inocente e capaz de reunir homens e mulheres, adultos e crianças. Quando eu era adolescente, essas coisas estavam começando a desaparecer, e alguns de nós estávamos cientes disso e ficamos alarmados. Mas as perdas foram graduais e, portanto, a maioria das pessoas deu de ombros e pensou que tratava-se apenas da substituição de uma atividade social por outra. Mas isso não aconteceu. As bandas de *rock* locais que tocavam em salões de dança, salões de bombeiros ou ginásios de escolas em cada uma das cidadezinhas do meu condado tiveram sua chance, desapareceram e nada as substituiu. A cidade onde moro agora, de acordo com um artigo da revista *Life* publicado em 1943, realizava bailes todos os sábados à noite na prefeitura, e as fotos que acompanham o artigo mostram um garoto de dez anos, um certo Jackie Hunt, dançando com uma mulher adulta, como ele sempre fazia deliciado. Tudo isso se foi.

O secularista que sorri ao ver igrejas fechadas por tapumes ou vendidas para se tornarem escritórios ou lojas de antiguidades deve ter em mente que isso está acontecendo com prédios que antes pertenciam a *todos os tipos de instituições sociais*: os Elks, o Rotary Club, a drogaria com balcão de café da manhã, o salão de dança, a escola paroquial, o armazém geral, a pequena pista de boliche, o posto de gasolina e a oficina mecânica, e assim por diante. Nada disso está sendo substituído. Somos ricos e nossos corpos são saudáveis, mas usamos muito mal nossa riqueza e nossa saúde. Acrescente-se a isso as confusões, traições e vulgaridades da revolução sexual e o barateamento da paixão erótica, e teremos o que acredito ser a sociedade mais solitária que já existiu na Terra, uma anti-sociedade, em que seu vizinho mais próximo poderia muito bem viver na lua. Se isso é um avanço, é o avanço da morbidade, a disseminação de uma doença mortal. É o pior de todos os mundos: uma coletividade sem qualquer sociedade; aliados políticos, mas nenhum amigo; congresso sexual, ou suas insignificantes ridicularizações, mas pouco do potente amor entre homem e mulher que inspirava as pessoas a cantar; muitas escolas, mas pouca educação; muitas publicações e pouca alfabetização; toneladas de política sem a *polis*.

SÉTIMA MENTIRA
Os homens cristãos do Ocidente são os culpados por tudo

Há boas razões pelas quais os mentirosos não gostam de ser gravados, mas talvez a razão mais irônica, e a mais satisfatória para seus oponentes quando eles conseguem pegá-los, é que a mentira é inerentemente caótica. Ela se desmancha. Pois os mentirosos vivem tão completamente na terra da falsidade que perdem o controle da própria razão e acabam contando, na terça-feira, mentiras que contradizem aquelas que contaram na segunda-feira. O mentiroso quer se safar de alguma coisa *no momento*, e isso significa que ele terá uma visão muito reduzida do tempo, nenhum senso de séries complexas de causas e efeitos e uma limitada capacidade de ver as implicações de sua mentira ou do que ele pretende conquistar ao mentir, à medida que as mentiras são analisadas quanto à lógica ou ao longo do tempo.

Shakespeare é o nosso grande dramaturgo de mentirosos enredados em seus próprios esquemas. Macbeth sabia muito bem que, se assassinasse o bom rei Duncan, seu parente, benfeitor e hóspede em sua casa, tal ato não poderia acabar em si mesmo, não poderia ser o "tudo que dá fim a tudo" e "entregar, com sua morte, o sucesso", pois nossa própria sanguinolência serve de precedente para a dos outros e, portanto, "essa justiça imparcial / oferece os ingredientes de nosso cálice envenenado / aos nossos próprios lábios".⁷³ Mas ele comete o ato mesmo assim, e precisa mentir para encobri-lo, e cometer mais assassinatos para silenciar aqueles que não acreditam em sua mentira, e durante todo o tempo ele demonstra uma credulidade cada vez mais impressionantemente tola, acreditando nos maiores mentirosos da peça: as três bruxas enganadoras, "demônios malabaristas", como ele as chamará, "que brincam conosco em um duplo sentido; / mantêm a palavra da promessa ao nosso ouvido, / e a quebram diante da nossa esperança".⁷⁴ "Pecado chama pecado", diz o maquiavélico rei Ricardo, quando os eventos começam a sair de seu controle e ele decide assassinar a mulher que seduziu com as mentiras mais ousadas para que se tornasse sua esposa;⁷⁵ e então ele deve contar uma série de mentiras para sua cunhada, a mãe de uma garota com quem ele precisa desesperadamente se casar para resolver o conflito entre sua casa de York e a casa inimiga de Lancaster. Mas quando a mãe se mostra desconfiada e impropensa a confiar nele, Ricardo deixa escapar, sem querer, as palavras que o condenam:

> Tal como é meu intento prosperar e arrepender-me, assim vença eu em meus tratos perigosos de armas hostis! Eu próprio a mim próprio me destrua! Deus e fortuna, negai-me horas felizes! Dia, não me concedas tua luz, nem tu, noite, teu repouso! Sede contrários, todos vós, planetas de boa sorte, a meus procedimentos, se, com o amor de um leal coração, imaculada devoção e subidos pensamentos, eu não amar tua real, formosa filha.⁷⁶

Ele proferiu sua própria sentença de morte, contando uma mentira que se tornará realidade de uma forma que ele não esperava. Nas palavras do salmista, ele cavou um poço e caiu nele. "É um esporte", diz Hamlet, "fazer que o engenheiro / voe em seu próprio petardo", ou seja, explodido pela própria

---

73 *Macbeth*, Ato I, cena 7, 1–12.
74 *Macbeth*, Ato I, cena 7, 19–22.
75 *Ricardo* III, Ato IV, cena 2, 63.
76 *Ricardo* III, Ato IV, cena 4, 397–405 (tradução de Nelson Jarh Garcia).

bomba.⁷⁷ Hamlet está se referindo a seus colegas de escola Rosencrantz e Guildenstern, que têm mentido para ele, agindo como espiões de seu tio, o rei Cláudio. Se as palavras se referem também, ironicamente, a Hamlet, é uma questão para um estudo mais aprofundado da peça.

John Milton aprendeu a dramatizar um mentiroso com Shakespeare. Em *Paraíso Perdido*, quando Satanás convoca o conselho dos principais demônios para perguntar o que eles farão agora que foram lançados no Inferno, cada um dos quatro demônios fala por sua vez: Moloch, Belial, Mamon e Belzebu, sendo que o último atua como o ajudante secreto de Satanás, recomendando como seu um plano criado pelo próprio Satanás. O que é fascinante em seus discursos, cheios de uma oratória inteligente e de alto nível e que se revela não apenas como decoração, mas com toda a intenção de uma razão firme e incontestável, é que todos eles parecem ter esquecido, no final, a mentira ou as mentiras com que começaram, ou a concessão que fizeram a uma verdade, não para estabelecer a verdade, mas para usá-la como base para uma mentira mais sutil. Na minha opinião, eles mesmos *não veem o que fizeram*. Assim, Moloch, que se orgulha de sua força bruta e proeza na guerra, aparece inicialmente fazendo cara feia e com um ousado desprezo por qualquer conselho. Enquanto todos os outros estão se confundindo com a estratégia, ele grita,

> deverá o restante de nós,
> milhões, ficar de braços cruzados, ansiosos a esperar
> o sinal para ascender, ficar aqui sentados
> como fugitivos do céu, e aceitar
> como morada esse escuro e ofensivo antro de vergonha,
> prisão oriunda da tirania dele
> que reina por que nós nos demoramos?⁷⁸

Mas, ao chegar ao final de seu discurso, ele se esqueceu do início e revela, sem querer, que sua verdadeira esperança é que a ira de Deus:

---

77 *Hamlet*, Ato III, cena 4, 207–208.
78 *Paraíso Perdido*, 2, 54–60.

> Ou nos consumirá completamente, e reduzirá
> a nada esse essencial, mais feliz agora
> do que na eternidade miserável:
> ou, se nossa substância for de fato divina,
> e não podemos deixar de ser, somos, na pior das hipóteses
> deste lado, nada; e, por prova, sentimos
> que nosso poder basta a perturbar seu céu,
> e em incursões perpétuas alarmar,
> embora inacessível, seu trono fatal,
> o que, se não for vitória, ainda é vingança.[79]

Então Belial, covarde, mas de fala mansa, se levanta, reconhece que Moloch se contradisse, chama a atenção para a contradição e, em seguida, cai em uma contradição de sua própria lavra. Ele se opõe à guerra porque é um covarde, "tímido e preguiçoso", diz Milton.[80] Belial entende corretamente que Deus é onipotente e onisciente, "Não mais onipotente para resistir à nossa força / do que sábio para frustrar todas as nossas tramas e artimanhas".[81] Mas, no final de seu discurso, quando ele recomenda que fiquem quietos e não provoquem a ira óbvia de Deus, ele esquece dessa onisciência, sugerindo que Deus pode ser enganado se eles se limitarem a abrigar o mal em seus corações e "não se importarem com não ofender".[82] A dupla negativa é um sintoma aqui de uma mente torcida contra si mesma. A mentira abre um furo no cérebro do mentiroso.

O fenômeno ocorre no indivíduo, mas também entre homens a quem a mentira aglutinou numa falsa sociedade, uma espécie de aliança de ladrões. Eles não conseguem se lembrar das mentiras que proferiram para chegar no ponto onde estão e, por isso, não ousam confiar em seus mendazes semelhantes, muitas vezes suspeitando que estes possam se voltar para a sanidade e a verdade. Portanto, é preciso acumular mentiras sobre mentiras, e as pessoas se submetem a uma mentira após

---

79 *Paraíso Perdido*, 2, 96–105.
80 *Paraíso Perdido*, 2, 117.
81 *Paraíso Perdido*, 2, 192–193.
82 *Paraíso Perdido*, 2, 212.

a outra, para que a inverdade originária — que elas podem muito bem ter esquecido, mas ainda sentem como um elemento incômodo e não confiável, como um alicerce falso sob um edifício que oscila de forma suspeita — não seja exposta. Tomemos como exemplo a mentira da revolução sexual: uma vez que descartássemos a antiga moralidade que governava as relações entre os sexos e permitíssemos que meninos e meninas descessem "o longo tobogã / como malditos pássaros libertos", para citar o poeta Philip Larkin,[83] tudo ficaria bem, homens e mulheres se amariam mais do que nunca, não haveria mais guerras, as crianças seriam felizes e bem ajustadas, e a harmonia e a compreensão se espalhariam pelo mundo. Hoje, ninguém diz bobagens como essas. Mas agora tornou-se necessário soterrar a primeira mentira com novas mentiras, como a de que temos o direito de fazer com nosso corpo o que quisermos, *independentemente de seus efeitos sobre o bem comum*, e que, de qualquer forma, *as pessoas antigamente eram tão propensas a fornicar e cometer adultério quanto agora* (se isso fosse verdade, não era necessário que houvesse uma revolução, e Larkin era um tolo ao ansiar por uma era que já estava em curso), e que *a ação sexual é constitutiva de seu ser pessoal*, um individualismo totalmente em desacordo com os sonhos geralmente socialistas dos revolucionários originais.

Progresso? Eu disse progresso?

Já rejeitei a noção tola de que, só porque nossas ferramentas passaram por um considerável progresso, um progresso semelhante deve ter ocorrido na sabedoria, no teor moral e na energia criativa das pessoas que usam as ferramentas. É como dizer que João *necessariamente é* um pintor melhor do que José, porque aquele compra suas tintas em uma loja de arte enquanto este último extrai as suas de folhas, flores,

---

83 "High Windows", em *High Windows*. Faber and Faber, 1974.

bagas, terras e outras coisas que ele esmaga em um pilão. É como dizer que a nova ponte Tappan Zee sobre o rio Hudson *necessariamente é* mais bonita do que a antiga Pont du Gard, construída pelos romanos como ponte e aqueduto sobre o rio Gardon, na França, porque nossos bate-estacas são movidos a *diesel* e os deles eram apenas mecânicos. É como dizer que eu tenho uma vantagem sobre Virgílio ao escrever poesia, porque tenho um *software* processador de texto e ele tinha de contar com papiro e tinta, ou tábuas de argila e um estilete.

Mas se você dá grande importância ao progresso tecnológico — a principal arena, de longe, do progresso no mundo moderno — então parece uma verdadeira loucura desprezar os principais autores desse progresso e culpá-lo por destruir as formas primitivas de vida conhecidas pelos homens que não tinham nossos motores, nosso combustível, nossos métodos de cultivar e armazenar alimentos nutritivos, nossos métodos de dar permanência às nossas descobertas, nossos meios de divulgar informações entre bilhões de pessoas e assim por diante. Como minha própria atitude em relação à Modernidade é, na melhor das hipóteses, ambivalente, tenho motivos para lamentar a homogeneização das culturas humanas à medida que nossas ferramentas são levadas a todos os vilarejos e partes outrora isoladas do mundo. Mas esse lamento é amplamente proibido para quem acredita no progresso.

Não se pode ter as duas coisas ao mesmo tempo. Se você de fato acredita, por exemplo, que o modo de vida dos Sioux era superior e que deveria ser preservado a todo custo, antes da chegada das ferrovias, dos telégrafos e da modernização dos fazendeiros e pecuaristas, então você deve olhar com frieza para as ferrovias, os telégrafos e os tratores. Se somente a contragosto você admitir que as pessoas precisam de comida, afinal, e aceitar que as máquinas façam o trabalho delas, terá de olhar com frieza para os desenvolvimentos agrícolas que substituíram a fazenda familiar por vastas extensões de campos de soja e outros cultivados pela indústria. Em ambos os casos, você deve desistir do seu progressismo, se com isso você quer dizer que uma maior sofisticação na tecnologia deve sempre resultar em maior bem-estar humano — em outras palavras, se você sustentar uma preguiçosa crença na "evolução" como força irresistível que sempre leva para frente e para o alto. Se os homens eram vilões, você não pode ser um progressista, porque eles trouxeram o progresso; mas se você é um progressista, não pode ser sentimental e romântico em relação aos Sioux, chamando os homens de vilões por terem levado a eles o progresso em que você acredita. Não estou falando de indivíduos, que em qualquer grande movimento social podem ser bons ou maus; nem mesmo da conduta do governo americano em geral em relação aos índios, amplamente marcada pela traição e insensibilidade em relação ao bem-estar deles. Estou falando da grande transformação de culturas tecnologicamente primitivas por meio do progresso tecnológico.

A esse respeito, a ingratidão e as autocontradições das feministas parecem surpreendentes. Durante cem anos, de invenção em invenção — a máquina de costura, a geladeira, o aspirador de pó, o forno moderno, a máquina de lavar roupas, a secadora e a máquina de lavar louça — os inventores (quase todos do sexo masculino) eliminaram quase todo o trabalho braçal pesado que as mulheres costumavam desempenhar. Não há mais o trabalho árduo de moer milho em um galinheiro; não há mais coleta de lenha; não há mais a complicada tarefa de fazer conservas de frutas e verduras para o consumo durante os meses de inverno; não há mais a necessidade de torcer roupas à mão ou numa calandra; as roupas não são mais penduradas para secar e depois serem alisadas pela força do braço e o peso do ferro. É claro que grande parte do trabalho físico que os homens costumavam fazer também foi eliminado neste mesmo período, mas não tão completamente, e as ferramentas que os homens usam geralmente exigem tanta força e suor quanto as ferramentas anteriores, sendo apenas mais eficientes em sua ação. Assim, um homem com uma britadeira está sendo forçado ao limite, tendo de segurar a peça com firmeza enquanto ela sacode seus ossos. Ele está produzindo mais do que se usasse uma picareta e uma pá, mas o trabalho em si é igualmente árduo; e, mesmo assim, ainda há muitas coisas a fazer com picaretas e pás. Uma motosserra grande é mais eficiente do que uma serra manual, mas é muito mais perigosa e exige a mesma força para vencer os troncos das árvores. O que quero dizer com isso é que as invenções masculinas para uso doméstico beneficiaram as mulheres muito mais do que os homens e, portanto, deram às mulheres muito mais liberdade do que aos homens; no entanto, as feministas não dão crédito algum aos homens por isso.

Vamos aos casos. O que deixou a mulher de classe média da Inglaterra vitoriana, dos Estados Unidos, da França e da Alemanha livre para desenvolver talentos na música e na arte e para tentar a sorte, como inúmeras mulheres fizeram, na poesia e na escrita de romances? O trabalho economizado pelo progresso tecnológico. Agora, imagine que você é uma mulher que vivia nas regiões áridas da península meridional da Califórnia pouco antes de quando os padres chegaram para ensinar aos nativos as artes da agricultura, para trazer-lhes a videira e a oliveira, para começar a criar milhares de cabeças de gado e ovelhas. Não há mais coleta de raízes e frutos silvestres; não há mais sofrimento entre lagartos e cascavéis; não há mais medo, inclusive, de tribos hostis e belicamente superiores, porque o exército mexicano tem postos avançados e eles protegem as missões.

Vocês não precisam procurar comida. Seu povo é o mais rico da América ao norte do Rio Grande e a oeste do Mississippi. Vocês serão despojados de suas riquezas após a Guerra do México, e as missões serão destruídas. Mas durante os anos em que os padres estavam aqui, como disse uma mulher idosa a Helen Hunt Jackson (que documentou a história das missões e entrevistou os sobreviventes que conseguiu encontrar, muitas décadas depois), a vida era boa, a comida era abundante e as artes floresciam. Pois não eram os europeus, principalmente, que construíam as igrejas e as pintavam, e as mulheres teciam roupas brilhantes para si mesmas, seus homens e seus filhos, com teares trazidos pelos padres; e podiam levar seu milho para ser moído no moinho, de modo que tinham pão o tempo todo. Em poucas décadas, um pequeno número de frades franciscanos fez pelos índios o que todos os progressistas do norte da América não fizeram ou não quiseram fazer com os escravos libertos, transformando-os em "pedreiros, carpinteiros, estucadores, fabricantes de sabão, curtidores, sapateiros, ferreiros, moleiros, padeiros, cozinheiros, fabricantes de tijolos, cocheiros e carroceiros, tecelões e fiandeiros, seleiros, tripulantes navais, agricultores, pastores, vinhateiros" — em uma palavra, eles ocupavam todas as ocupações laboriosas conhecidas pela sociedade civilizada".[84] Os frades mantinham registros escrupulosos e minuciosos, de modo que sabemos quantas cabeças de ovelhas e gado havia em uma única missão, e as centenas de milhares de acres que eles teriam dedicado ao pastoreio e à agricultura. Ainda citando Jackson:

> A imagem da vida em uma dessas missões durante seu período de prosperidade é única e atraente. Todo o lugar era uma colmeia industriosa: lojas que funcionavam dentro e fora das casas; lavradores, pastores, vinhateiros às centenas, indo e vindo; crianças nas escolas; mulheres fiando; bandas de jovens praticando com instrumentos musicais; música composta, em muitos casos, por eles mesmos; à noite, todos os tipos de jogos de corrida, salto, dança e arremesso de bolas, e as cerimônias pitorescas de uma religião que sempre teve a sabedoria de se prevalecer de belas associações de cor, forma e harmonia.[85]

Tudo isso seria arruinado pela preparação para a Guerra Mexicana, sua execução e suas consequências, e esses mesmos índios missioneiros seriam reduzidos à perda de suas

---

84 Do relatório especial do Honorável B. D. Wilson para o Departamento do Interior, 1852; citado por "H. H." em "Father Junipero and His Work, II", *The Century Magazine*, junho de 1883:205).

85 Idem.

terras e à pobreza extrema. "Vi as cabanas mais pobres das regiões selvagens mais pobres da Itália, Baviera, Noruega e Novo México; mas nunca vi nada proposto como abrigo para criaturas humanas tão repugnante quanto os canis em que agora estão vivendo alguns dos índios de San Diego".[86]

Jackson testemunhou isso em primeira mão, analisou os registros e conversou com os idosos que se lembravam de brilhantes detalhes de seu antigo modo de vida. Embora os americanos estivessem alardeando seu progresso para o oeste, eles demorariam muito a chegar sequer perto, no sentido mundano, do que os frades haviam feito. No que diz respeito à vida espiritual, eles nunca atingiriam tal altura, e nada indica que eles — nós — jamais a atingiremos, a menos que sejamos beneficiários de um milagre de Deus.

Ora, será que a feminista deseja denunciar o testemunho de uma das mais corajosas e completas autoras de seu tempo e, em sua causa, também defender os direitos dos índios despossuídos? Mas, para reconhecer que Jackson contou a verdade ao descrever a vida dos índios da missão antes da intromissão do governo e da tributação para a guerra do México, e da violência e quebra de tratados do resto da América, elas devem admitir que os frades sabiam o que estavam fazendo e que as inovações tecnológicas que eles levaram consigo beneficiaram imensamente os índios. Não se pode comer e guardar o bolo. Não se pode dizer que as mulheres são especialmente vulneráveis à pobreza *e depois negar aos homens o mérito de terem tirado suas sociedades da pobreza.* Será que as feministas realmente prefeririam que as mulheres indígenas *não tivessem sido beneficiadas* pelas ferramentas e máquinas inventadas pelos homens europeus e que seus próprios homens tivessem aprendido a construir, consertar e operar? Ou, dito de outra forma: o único ambiente em que o feminismo pode sequer começar a sair do meio dos arbustos é aquele em que as mulheres desfrutam de completa segurança

---

[86] "The Present Condition of the Mission Indians in Southern California", *The Century Magazine*, agosto de 1883:522.

pessoal, não precisam fazer um trabalho físico extenuante e a comida permanece prontamente disponível em todas as estações. Mas um mundo assim foi construído por homens e, na forma que prevalece em todo o mundo, estamos falando principalmente dos homens do Ocidente.

Religião? Eu estava falando sobre religião?

No Ocidente, hoje, quando as pessoas dizem que não encontram utilidade para a "religião institucional", elas se referem, na verdade, a algum tipo de orgulho esnobe ou alguma licenciosidade sexual. Querem dizer que não desejam se associar com cristãos, não querem frequentar cultos eclesiais e querem que alguma irregularidade ou imoralidade em sua conduta sexual seja confirmada. Usarão a frase "religião institucional" como uma forma de se opor a *toda crença religiosa*, pois assim poderiam parecer intolerantes e, além disso, uma vozinha incômoda na consciência deles sussurra que, por mais que prossigam na incredulidade, não convém queimar todas as pontes deixadas para trás. É claro que a religião, por sua própria natureza, é necessariamente institucional, assim como todos os empreendimentos humanos, porque, caso contrário, tudo o que estamos falando é de uma sensação interior, um hábito peculiar que guardamos para nós mesmos, um vício particular ou algo sem importância alguma. As pessoas que amam a Deus querem adorá-Lo em conjunto, como seres humanos plenos; e se você honra a Deus como o Criador de todas as coisas, incluindo a raça humana, é uma contradição em termos supor que sua adoração a Ele deva ser oculta, covarde e limitada a uma questão de gosto individual. Nenhum homem canta apenas para si mesmo; porque mesmo que esteja cantando para si mesmo, ele ainda canta com seus companheiros em sua memória ou imaginação. "Que alegria", diz o salmista, "quando me vieram dizer: 'Vamos subir à casa do Senhor'", uma casa de oração, adoração e cânticos (Sl 121, 1). "Onde dois ou três estão reunidos em meu nome", diz Jesus, "aí estou eu no meio deles" (Mt 18, 20). Embora Jesus tenha dito que nunca deveríamos rezar de um modo afetado para sermos observados pelas outras pessoas, Ele ensinou milhares de pessoas, orou com Seus discípulos, instituiu o Santíssimo Sacramento com Sua oração na Última Ceia e os primeiros cristãos se reuniam para lembrar Suas palavras e Seus atos, orar juntos e cantar, como diz São Paulo, "salmos, hinos e cânticos espirituais" (Ef 5, 19).

Qual seria, então, o problema da religião "institucional"? Você ouvirá a resposta de que essa religião — especialmente no caso das fés monoteístas — é inerentemente divisiva e belicosa. O Islã, em sua história, tem sido belicoso; disso não há dúvida. *Mas o próprio homem é belicoso*: ele nunca precisou de fé religiosa para se lançar à batalha e, de fato, com exceção parcial das guerras envolvendo povos islâmicos, quase todas as guerras da história humana não tiveram nada a ver com religião. Estou cansado de repetir isso, mas o registro histórico é bastante claro. Os romanos fechavam a porta do templo de Jano sempre que o Estado estava em paz; mas essa porta permaneceu aberta constantemente, por séculos, até que finalmente César Augusto, que se autodenominava o Príncipe da Paz, a fechou. Temporariamente, isto é, pois depois disso Roma voltou a quase nunca estar em paz. O mais nobre dos imperadores romanos, Marco Aurélio, não gostava de guerras, mas estava quase sempre longe da cidade, lutando contra invasores germânicos que assediavam as fronteiras do império ou reprimindo revoltas entre os povos conquistados.

É a mesma história onde quer que você vá. As cidades-estado gregas viviam em constante hostilidade, muitas vezes entrando em guerra aberta, entre as quais está o grande e desastroso conflito entre Atenas e Esparta que envolveu quase todas as outras cidades-estado, antes de terminar com a democracia ateniense em destroços e os democratas de Atenas ansiosos para culpar os aristocratas, os generais e até mesmo Sócrates, a quem condenaram à morte; ávidos para culpar qualquer um, menos eles mesmos. O poeta do *Beowulf* descreve um modo de vida baseado na matança de pessoas, até mesmo de seus próprios parentes, e na tomada de suas riquezas, gerando ressentimento entre os derrotados e rixas de sangue que pareciam durar até que um dos lados fosse completamente destruído. O próprio Beowulf, ele mesmo um homem bom — o melhor tipo de pagão que o poeta cristão poderia imaginar — diz que o rei dinamarquês Hrothgar estava tentando fazer as pazes com seus inimigos de longa data por meio de uma união matrimonial. Mas no próprio banquete de casamento, diz o jovem e sábio guerreiro, um homem velho, desejoso de causar problemas, conversará aos sussurros com certo rapaz e o fará notar a espada que um de seus inimigos leva consigo, uma espada que pertencera ao pai do rapaz nos velhos tempos. Assim a vingança será sugerida, o malfeitor será encontrado morto e a guerra será retomada.

Os homens lutaram por vingança, sede de sangue, riqueza, terras e glória. Foram motivados pela ira, pelo medo, pelo orgulho e até pelo tédio. Os americanos nunca tiveram mais de quarenta anos de paz ininterrupta, e nós nos orgulhamos de ser um povo pacífico. O que precisa ser explicado não é a guerra, que encontramos em todos os lugares onde houver homens, mas algo diferente da guerra. O que precisa ser explicado não é o fato de os pobres serem explorados, mas que haja quem se preocupe com seu bem-estar. O precisa ser explicado não é o bordel, o antro de jogos de azar, o campo de duelo, o homem doente morrendo em uma vala, a esposa abandonada, o pobre esfomeado, a criança vendida como escrava ou transformada em objeto sexual, o bebê aleijado sufocado ou abandonado numa mata; essas coisas são endêmicas na humanidade. O que precisa ser explicado é aquilo que foi trazido pela fé cristã — e aqui, sem desrespeito, sugiro que o mesmo vale para aquilo que os judeus levaram consigo aos lugares por onde passaram.

O que é isso que precisa ser explicado? Mesmo em meio à névoa, à confusão e ao autoengano que assolam os motivos humanos, podemos detectar uma distinção entre a conduta na guerra de alguns cristãos, em alguns momentos, e a conduta de todos os outros homens. Tomemos como exemplo o caso mais apontado contra os cristãos — as Cruzadas. Não vou justificar todas as batalhas e todos os guerreiros, e certamente o saque de Constantinopla em 1204 foi um desastre para o mesmo Império Bizantino que os cruzados foram inicialmente, e pelo próprio imperador em 1096, chamados a defender das agressões dos turcos seljúcidas. O Islã, de fato, havia se espalhado como um incêndio pelo sul do Mediterrâneo e pelo Oriente Próximo, e as vitórias cristãs contra as invasões islâmicas foram principalmente defensivas, como a de Carlos Martel em Tours (732), e a do imperador Leão, o Isauriano, que auxiliado por um composto de naftalina chamada "fogo grego" levantou entre 717 e 718 um cerco muçulmano contra Constantinopla que já durava um ano. Depois disso os cristãos puderam, por mais de trezentos anos, fazer peregrinações à Terra Santa sem serem molestados, independentemente de quem estivesse no controle da área. Então vieram os turcos, derrotando seus correligionários governantes muçulmanos, pressionando fortemente os gregos e impossibilitando as peregrinações. Portanto, quando Urbano VII, em Clermont, convocou uma guerra para ajudar os gregos e libertar a Terra Santa, os governantes e cavaleiros cristãos responderam com um entusiasmo profundamente religioso que hoje achamos difícil de entender. Se dissermos que eles foram lutar por terras, pode-se responder que os governantes tinham terras em abundância nos lugares onde estavam e que, quando partiam para a Terra Santa, não tinham nenhuma garantia de que poderiam simplesmente retomar suas posições de poder como antes, isso se voltassem de lá. Se dissermos que eles lutaram por riqueza, a resposta é que a maioria deles não enriqueceu, e alguns deles empobreceram por causa dos combates. Se dissermos que lutaram para estabelecer colônias, a resposta é que eles não tinham absolutamente nenhuma noção do que queremos dizer com essa palavra; e os reinos dos cruzados no Oriente eram independentes do domínio europeu, pois a centralização e o Estado moderno ainda não haviam nascido. Eles acreditavam que estavam lutando para libertar uma terra e um povo — os cristãos oprimidos que viviam nesses lugares há muito tempo; e, na melhor das hipóteses, acreditavam que estavam morrendo como mártires de Cristo.

"Ninguém tem maior amor do que aquele", diz Jesus, "que dá a sua vida por seus amigos" (Jo 15, 13). Essa é a chave. Eu não tenho nenhuma ligação com a Guerra de Secessão Americana, e muitas de suas causas políticas são embaraçosas para um lado ou para o outro, tanto o expansionista e avarento Norte quanto o Sul escravagista e escravizador. Mas é certo que muitos homens do Norte foram motivados pelo oposto de um interesse próprio: o branco Robert Gould Shaw, por exemplo, liderou a primeira companhia de soldados totalmente negros para o combate na Carolina do Sul, onde lutaram heroicamente e onde Shaw morreu como herói. Shaw, pelo menos, estava lutando pelo *bem de outras pessoas das quais não era parente e das quais não poderia esperar nenhuma vantagem material ou política*, e não como um mercenário, mas como um soldado que se apresenta livremente. Por que jovens americanos foram tomar as praias da Normandia? Hitler não representava uma ameaça para os Estados Unidos. Eles o fizeram — ou muitos deles o fizeram — porque era a coisa certa a fazer, para libertar o povo sitiado da Europa Ocidental da loucura e dos objetivos ditatoriais do *Führer* alemão. Considere como caso de diagnóstico o personagem fictício Rick, do filme *Casablanca*, que dirige o Rick's American Café, mantendo-se afastado da política, cinicamente indiferente às forças da resistência contra os nazistas, embora seu próprio *maître* seja membro da resistência, como ele sabe bem. A redenção moral de Rick como homem segue um roteiro fundamentalmente cristão: arrependimento, perdão e autossacrifício, abrir mão do amor de sua vida, porque é a coisa certa a fazer, e abandonar seu sustento e todos os seus bens materiais. Ele voltará a lutar.

Não estou dizendo que a motivação de cruzada justifica seu desejo de lutar. Mesmo que seu motivo esteja correto, ir para a guerra pode ser uma tolice ou um ato simplesmente perverso se, por exemplo, você não tiver uma esperança fundamentada de sucesso, ou se for provável que a situação se torne pior após o combate que após a inação, ou se for possível melhorá-la por meios menos flagrantes do que o derramamento de sangue. E talvez, também, seu objetivo esteja equivocado. Os cruzados estavam cientes de que sua luta era uma forma de penitência por seus pecados e que eles deveriam pagar pelos atos de maldade praticados na guerra ou fora dela. Agora, suponha que você ainda tenha o espírito de cruzada, mas que ele tenha sido separado da disciplina cristã, que o obriga a lembrar que seus atos serão julgados pelo Deus onisciente, a quem *slogans* ou canções de guerra não podem enganar, e que não abençoará nenhum meio que você empregar para atingir um objetivo pessoal. Todas as apostas estão encerradas. Woodrow Wilson tinha um tipo de puritanismo cruzadista que ajudou a lançar os Estados Unidos em uma guerra monstruosamente sangrenta e sem propósito, para "tornar o mundo seguro para a democracia", como ele disse. Podemos entender o que estava acontecendo. Os objetivos transcendentes da fé cristã, que a depender de como você a vê ou de quais são suas ambições políticas nos assegura ou nos adverte de que não temos um reino estabelecido aqui na Terra, foram transpostos para a esfera política e mundana. Os cruzados lutaram pela Jerusalém terrena como um local de peregrinação para os cristãos que estavam a caminho da Jerusalém Celeste. A Jerusalém terrena, por si só, não era o seu objeto. Mas o objeto de todo o progressismo secular, desvinculado dos objetivos, da direção, das restrições, dos consolos e das advertências da fé cristã, é uma Jerusalém terrestre — aquilo que Malcolm Muggeridge chamou incisivamente de "reino dos Céus na Terra", e que também pode ser chamado de Inferno.

Daí a fúria destrutiva do progressista secular em ação, independente de suas características pessoais. Você a pode ver na expressão dura da repreendedora adolescente internacional Greta Thunberg, que não demonstra a menor consideração pelos povos em desenvolvimento no mundo, que precisam e precisarão, em um futuro próximo, usar combustíveis fósseis. Ela é visível na despreocupação com que os alarmistas climáticos politizados condenam à morte bilhões de seres humanos. Você a vê na raiva enlouquecida das feministas que marcham pelo direito de matar as crianças não nascidas cuja existência se deve a atos voluntários de seus pais. Essa fúria não constrói nada, mas é extremamente eficiente na destruição cultural. Pense em um João Calvino secular, livre de qualquer medo de ser condenado à danação eterna, que identificou um novo pecado original — patriarcado, industrialismo, agricultura moderna, até mesmo a própria fé religiosa — e estabeleceu para si mesmo a tarefa sagrada de, como um novo John Brown, erradicá-lo pela força política. Que importância teria, para Stálin, o fato de uma antiga e sólida cultura agrícola na Ucrânia ser obliterada? É preciso quebrar alguns ovos para fazer uma omelete, como disse Lênin, seu antecessor assassino. Que diferença faz para o cruzado secular se um homem for exposto ao ódio por expressar crenças políticas erradas e perder seu sustento? Os resistentes devem ser moídos até o pó e misturados à argamassa que unirá os tijolos da nova cidade.

Corruptio optimi pessima est: quanto melhor é uma coisa, pior ela se torna quando é corrompida. C. S. Lewis o explicou muito bem:

> Quanto melhor for o material de que uma criatura é constituída — quanto mais inteligente, forte e livre ela for — melhor será seu sucesso, mas também pior será seu fracasso. Uma vaca não pode ser muito boa nem muito ruim; um cachorro pode ser tanto melhor quanto pior; uma criança, ainda melhor e pior; um homem comum, ainda mais; um homem de gênio, ainda mais; um espírito sobre-humano, o melhor — ou pior — de todos.[87]

---

87 *Cristianismo puro e simples*, "A alternativa chocante".

Em seu romance apocalíptico *Aquela fortaleza medonha*, ele mostra o que acontece a uma fé cristã sem Cristo e, portanto, sem amor, sem o temor de Deus, sem humildade — sem restrições: totalmente ambiciosa e sempre ansiosa pelo futuro, pela consumação da história humana. "Você não vê", diz o ex-padre Straik ao sociólogo progressista Studdock, enquanto discutem o novo homem a ser fabricado pelo homem para controlar todos os homens e torná-los um só, "que estamos lhe oferecendo a glória indescritível de estar presente na criação do Deus Todo-Poderoso? Aqui, nesta casa, você conhecerá o primeiro esboço do verdadeiro Deus. É um homem — ou um ser feito pelo homem — que finalmente ascenderá ao trono do universo. E governará para sempre". E Straik não tem ilusões de que tal salto progressivo possa ser dado sem violência e derramamento de sangue.

Você acha que é ruim viver entre pessoas que acreditam que Deus, que é amor, exige que elas O amem de todo o coração, alma, mente e força, e que amem o próximo como a si mesmas? Espere até encontrar o mesmo fervor dedicado à ação política, cujos combustíveis são a ira, a ambição, o ódio, a vingança e a inveja.

Viver entre seres humanos

O que o Ocidente cristão — e, sim, judaico — trouxe para a humanidade foi a noção de universalidade, cujas bases foram estabelecidas igualmente pelos maiores filósofos, estadistas e poetas gregos e romanos pagãos.

Há um arrepiante episódio do antigo programa policial de televisão *Hawaii Five-0* em que uma família de idiotas do meio-oeste americano se lança numa onda de assassinatos e pequenos furtos. Quando finalmente são pegos, a matriarca defende calmamente suas ações. Eles não roubaram nada, diz ela, porque as pessoas de quem supostamente haviam roubado já estavam mortas. E eles não assassinaram essas pessoas, porque, diz ela, "não eram parentes". Não é considerado assassinato se suas vítimas não forem seus parentes.

Isso é inacreditável? Pelo contrário: essa é a postura padrão do homem, o homem sangrento e traiçoeiro, marcado pelo pecado original. Visite as tribos aborígenes e aprenda seus idiomas: você verá que muitas vezes eles se autodenominam pelo nome geral de "povo" ou "seres humanos", sugerindo que aqueles que estão fora de seu grupo de parentesco não merecem esse título e, portanto, não merecem nenhuma proteção ou respeito, a menos que estejam ligados a você por algum ato de aliança fácil de romper. Por que os iroqueses lutaram contra os Delaware e os reduziram à miséria, chamando-os de "mulheres"? Porque fazer isso seria glorioso. Fazer isso talvez fosse errado? Eles teriam rido dessa possibilidade. Como poderia ser errado? Os Delaware eram seus inimigos, e ponto final. Não eram parentes: não eram humanos.

Quando, na *Canção de Rolando*, o grande guerreiro cristão Rolando, defendendo o desfiladeiro de Roncesvalles contra a emboscada do inimigo muçulmano, diz: *"Paien unt tort et Chrestien unt dreit"*, "Os pagãos estão errados e os cristãos estão certos", ele não está falando de raça ou parentesco, mas de toda uma orientação em relação a Deus. Se sentirmos nossa carne se arrepiar com essa frase, devemos ter em mente que a visão de Rolando é um grande avanço em relação ao que o homem geralmente pensa e faz, sem mencionar a questão de saber se Rolando não está simplesmente correto nesse aspecto. Ou Cristo é o Filho coeterno de Deus, como acreditam os cristãos, ou não é, como acreditam os muçulmanos, independentemente da honra que lhe concedem como um profeta menor que Maomé. Se Ele é o Filho de Deus, então cabe ao homem saber disso e segui-Lo. De fato, a única consideração a que está propenso Carlos Magno, o rei de Rolando, e que ele precisa levar em conta independentemente do perigo para seu reino e sua pessoa, é o fato de que o rei sarraceno Marsilhão prometeu se converter à fé cristã. Essa é a chave que será usada pelo traidor Ganelão, preparando o cenário para a desastrosa emboscada. Diz Carlos Magno, pensando profundamente, quando seu embaixador Blancandrino relata o que Marsilhão prometeu: "*Uncore purrat guarir*", "Ele ainda pode ser curado". Observe a ênfase do imperador. Não se pensa algo como "Podemos torcer seu braço para que ele se torne um de nós". Não se diz "Podemos derrotá-lo e então não teremos mais que nos preocupar com ele". Antes, "Ele ainda pode ser curado" — ou seja, ele ainda tem uma chance. *Essa* é a novidade que precisa ser explicada: a preocupação com o bem do inimigo. Isso está de acordo com o ensinamento de Jesus de que devemos orar por nossos inimigos e fazer o bem àqueles que nos fazem o mal, para que possamos ser verdadeiros filhos de nosso Pai Celestial, que faz com que Sua chuva caia tanto sobre os justos quanto sobre os injustos (Cf. Mt 5,38–48).

Vemos essa universalidade no Antigo Testamento. Considere: o escravo romano nunca tinha um dia de folga. Por que teria? Os romanos eram engenheiros brilhantes e inovadores, mas a disponibilidade barata e imediata de mão de obra escrava significava que eles nunca viram motivos para se concentrar em melhoramentos agrícolas. A escravidão impede o desenvolvimento tecnológico de uma sociedade, assim como a água corre ladeira abaixo e as pessoas seguem, em geral, o caminho de menor resistência imediata. Mas entre os judeus não seria assim, pois "no sétimo dia, que é um repouso em honra do Senhor, teu Deus, não farás trabalho algum, nem tu, nem teu filho, nem tua filha, nem teu servo, nem tua serva, nem teu animal, nem o estrangeiro que está dentro de teus muros" (Ex 20, 10). O estrangeiro deve ser bem tratado, pois todos nós somos viajantes neste mundo, e os próprios filhos de Israel eram estrangeiros no Egito: "Se um estrangeiro vier habitar convosco na vossa terra, não o oprimireis, mas esteja ele entre vós como um compatriota, e tu o amarás como a ti mesmo, porque fostes já estrangeiros no Egito. Eu sou o Senhor, vosso Deus" (Lv 19, 33–34). Assim, quando o rei Davi tomou para si a esposa de seu fiel soldado Urias, o hiteu, e depois conspirou para que o homem inocente morresse em batalha, Deus o puniu severamente. Pois Urias, um adorador de Deus, embora não fosse etnicamente judeu ou mesmo semita (os hiteus, ou hititas, eram indo-europeus, e seu idioma é um primo distante do inglês), era um hitita e, portanto, um estrangeiro na terra, o que *exacerbou o crime de Davi e agravou sua culpa* (cf. 2Sm 11).

O Deus cujo nome está além dos nomes, sugerindo o ato de Ser em si, não está vinculado a um grupo étnico ou a um sistema político, ou a qualquer lugar e época. Ele escolheu Israel, mas os profetas lembram ao povo que Ele fez isso não porque eles são especialmente bons. O inverso é verdadeiro: pelo fato de Deus tê-los escolhido, eles são obrigados a ser santos. Pois o governo de Deus se estende a todas as pessoas: "Serás invadida por uma multidão de camelos, pelos dromedários de Madiã e de Efá; virão todos de Sabá, trazendo ouro e incenso, e publicando os louvores do Senhor" (Is 60, 6). A universalidade é confirmada e estendida até o extremo pelo próprio Cristo, que envia Seus discípulos ordenando-lhes: "Ide, pois, e ensinai a todas as nações; batizai-as em nome do Pai, do Filho e do Espírito Santo"; que encontrou no centurião romano uma fé maior do que a encontrada em todo o Israel (cf. Mt 8, 10) e que enviou Paulo como um "instrumento escolhido" para levar Seu nome "diante das nações, dos reis e dos filhos de Israel", e Paulo fez exatamente isso, pregando que em Cristo não há grego nem judeu, nem homem livre nem escravo. "Em Cristo não há leste ou oeste", diz o hino americano,

> Nele não há sul ou norte,
> Mas uma grande comunhão divina
> Em toda a Terra.

Pois bem, há duas maneiras fundamentais de conceber a universalidade humana. Uma delas é sufocar todas as diferenças importantes entre as pessoas e obliterar nações, cidades, igrejas, escolas e famílias, na medida em que mantenham quaisquer características profundamente distintas, de modo que sobrem apenas milhares de tons de cinza. A outra é afirmar essas características e, ao mesmo tempo, purificá-las da maldade e da estupidez, de modo que, à medida que se tornam mais santas, elas se tornam mais distintas de si mesmas, e não menos, *e, portanto, mais propensas a se unirem em uma comunhão genuína com as outras*. São Tomás de Aquino diz que, uma vez que os anjos não são individuados pela matéria, cada um deles é como se fosse sua própria espécie;[88] e ainda assim os anjos estão em união fundamental e inquebrável uns com os outros, e suas ações coletivas características nas Escrituras sugerem harmonia: eles combatem e adoram em fileiras. São as hostes, ou seja, os exércitos do Céu. Levanto essa questão não porque pretendo ter algum conhecimento especial sobre o estudo dos anjos, mas para sugerir uma analogia. Nós, seres humanos, em nossas nações e famílias distintas, nossas culturas e idiomas, estamos entre os animais brutos e os anjos. Os cães formam matilhas, mas uma matilha é muito parecida com a outra. Não há uma história da matilha nem nada que transcenda, na consciência e nas ações voluntárias dos cães, o momento em que vivem. Eles são arrastados pelo rio do tempo, inevitável e naturalmente, enquanto os seres humanos não apenas resistem ao rio criando coisas que duram mais do que eles; eles estão acima e ao lado do rio em seu pensamento, na orientação essencial de suas almas. Nação, família, cultura, linguagem — linguagem humana, isto é, inventada por seres humanos e capaz, mesmo entre culturas que não têm escrita, de elevar o indivíduo para além de si mesmo e de seu lugar e tempo — não devem ser descartadas como coisas arbitrárias ou sem sentido. Estou sugerindo *que é bom que existam nações, famílias, culturas e idiomas distintos*, porque sem eles o homem seria menor, não passaria de um agregado de indivíduos desconectados e sem nada que os liguem uns aos outros: um único coletivo vasto e impessoal, algo que não desperta amor e que não

---

88 *Suma Teológica*, Parte I, questão 50, art. 4.

pode reivindicar lealdade legítima. Isso seria o mesmo que expulsar todos os homens de suas casas.

Diz-se que os missionários cristãos de fato expulsam os pagãos de suas casas e os deixam sem um lar cultural. Mas dois milênios de experiência sugerem que não foi bem assim. A abordagem paradigmática pode ser encontrada nas cartas do Papa Gregório Magno ao missionário Agostinho de Cantuária. A questão era se os cristãos deveriam derrubar os templos pagãos. Gregório respondeu que não, não deveriam. Eles deveriam limpá-los e rededicá-los à adoração de Cristo, e poderiam continuar a abater animais nas redondezas: não para oferecê-los como sacrifício aos demônios, mas para realizarem banquetes em louvor ao Deus que lhes dera as boas coisas da terra para desfrutar.[89] Não é de surpreender, portanto, que quando o povo da Inglaterra se torna cristão, sua expressão daquela fé é marcadamente germânica. Eles não deveriam se vestir como romanos, falar como romanos, cantar como romanos e assim por diante. O mesmo autor que nos preserva as cartas que mencionei, o Venerável Beda, também nos registra a história do pastor Caedmon, um homem analfabeto que, certa noite, retirou-se da cervejada que seus colegas de trabalho estavam celebrando em uma das dependências vizinhas do mosteiro de Stranaeshalch.[90] Velhas canções de guerra germânicas estavam sendo tocadas à mesa junto com a harpa, e Caedmon, que não conhecia nenhuma canção — ou que talvez não quisesse cantar as canções que conhecia — levantou-se para cuidar do gado antes de se recolher para dormir. Quando adormeceu, um anjo do Senhor lhe apareceu num sonho e ordenou que cantasse algo.

— Não sei cantar nada — respondeu Caedmon; mas o anjo insistiu, e Caedmon lhe perguntou o que deveria cantar.

— Canta-me o *frumsceaft* — disse o anjo, na língua anglo-saxônica. — Canta-me a primeira formação.

---

[89] Cf. Beda, *História Eclesiástica do povo inglês* 1, 30; esta carta foi escrita em 601, para o abade Melito, que deveria se comunicar com Agostinho.

[90] Idem 4, 24.

E com isso, Caedmon cantou um hino sobre a criação; não em verso romano, não em forma romana, mas na forma aliterativa secular da poesia germânica, usando palavras e imagens características dessa poesia e dando-lhes um novo sentido. A combinação é impressionante e preparou o terreno para a poesia cristã inglesa nos trezentos anos seguintes. Como é poderoso ler, no notável e totalmente germânico *The Dream of the Rood*, Cristo caminhando em direção ao Calvário como um guerreiro:

> *Ongyrede hine tha geong Haeleth*
> *— thaet waes God aelmihtig,*
> *strang ond stithmod;*
> *gestah he on gealgan heanne,*
> *modig on manigra gesyhthe,*
> *tha he wolde mancyn lysan.*[91]

Deveríamos esperar dos chineses, por exemplo, o mesmo senso poético e a mesma maneira de ver as coisas que havia entre os anglos anteriormente pagãos? É claro que não. O *marketing* de massa pode ensinar os vietnamitas a cantar "Jingle Bells". Há nisso algo de terrível. Mas não há nada de mau quando um povo abraça a fé como a sua fé particular; talvez seja melhor dizer que a fé o torna mais puramente ele mesmo do que antes.

Mais uma vez, recorro a Lewis e a uma passagem em *Aquela fortaleza medonha* que se refere tanto à universalidade quanto à bondade das distinções:

> Se estivermos pensando simplesmente na bondade em abstrato, logo chegaremos à ideia fatal de algo padronizado — algum tipo comum de vida para o qual todas as nações devem progredir. É claro que existem regras universais às quais toda bondade deve se adequar. Mas essa é apenas a gramática da virtude. Não é aí que está a seiva. Ele não faz duas folhas de grama iguais, muito menos dois santos, duas nações, dois

---

91 "Então, desarmou-se o jovem herói que era o Deus onipotente, forte e resoluto, e avançou para o temível patíbulo, à vista de muitos com expressão firme e decidido a libertar a raça humana."

anjos. Todo o trabalho de cura [da Terra] depende de cuidar dessa pequena centelha, de encarnar esse fantasma que ainda vive em todas as pessoas reais e é diferente em cada uma delas. Quando Logres realmente governar a Grã-Bretanha, quando a deusa Razão, a clareza divina, for realmente entronizada na França, quando a Ordem do Céu for realmente obedecida na China — então chegará a primavera.

O progressista é imperialista e colonialista por necessidade, quase por definição. Por trás da marquise dos direitos humanos, por exemplo, ele destruiria todas as culturas da Terra, porque o elemento *terreno* que caracteriza uma cultura e a distingue de suas vizinhas é precisamente o modo como as pessoas casam os meninos e as meninas para que gerem filhos e os criem bem. Mas se tudo isso tiver que ser jogado no vasto esgoto internacional da confusão sexual a ser justificada pelo feminismo e pela promoção do comportamento homossexual, então, nesse aspecto central, pode muito bem não haver nações nem povos, pois também não haverá culturas propriamente ditas. Podemos dizer coisas análogas sobre estruturas políticas e mecanismos eleitorais. Por que, Presidente Wilson, o mundo precisa se tornar seguro para a democracia? Por que ele não poderia abrigar também a monarquia e a aristocracia, ou qualquer outro tipo ou combinação de estruturas sociais que um povo considere mais adequada ao seu modo de vida? Mas ali falava o pálido e sombrio acadêmico, cuja alma era habitada por uma única ideia diante da qual tudo cede.

A fé cristã, afirmo, é para todos os homens — tanto enquanto santos individuais quanto ao comporem nações doce e nitidamente distintas umas das outras. O progressismo está para essa fé assim como a arquitetura internacional, monótona e antilocal, está para uma boa e velha casa inglesa encravada em uma colina; assim como a megalomania está para a verdadeira grandeza de coração; assim como um *shopping center* abastecido de lixo industrial está para um presente feito à mão e posto embaixo da árvore; como um currículo padronizado imposto a milhões de crianças em uma nação outrora livre está para uma dupla de amigos a conversar sobre um livro que ambos amam; como uma definição abstrata e incruenta do amor está para a diversão de uma família em que uns se alegram com os outros, com seus cabelos, olhos e narizes parecidos e personalidades vertiginosamente diferentes. Você diz que quer diversidade? Uma única família que, de alguma forma, tenha escapado das forças padronizadoras e progressivas da educação e do entretenimento de massa lhe dará mais diversidade do que você consegue absorver.

Oitava mentira
Estatísticas

É difícil agrupar, de acordo com seus objetos, muitas das mentiras que afligem nossas mentes, mas é mais fácil agrupá-las de acordo com seus meios. Mark Twain disse que havia "mentiras, mentiras deslavadas e estatísticas". Seu ponto de vista geral pode ser entendido se incluirmos na categoria de "estatísticas" todas as mentiras que são aceitas por serem repetidas *ad nauseam*, com a aprovação de supostas autoridades em qualquer campo do qual estejamos falando. Em outras palavras, não é apenas o uso desonesto da matemática que dissemina a inverdade. É também o uso desonesto de categorias e análises ostensivamente científicas. Quase sempre, aqueles que se envolvem em tais inverdades, quer estejam cientes delas ou não (e muitas vezes não estão, pois a estupidez e a insensatez fazem a maior parte do trabalho necessário, enquanto a astúcia e a maldade se dedicam a imaginar cenários piores para a humanidade que nasceu para morrer), fazem isso por uma causa política ou econômica. O motivo bom ou ruim não torna, por si só, os meios bons ou ruins, verdadeiros ou falsos; mas quando há poder e dinheiro em jogo não se deve esperar que a humanidade tenha o cuidado de se manter racional. E como a maioria das pessoas tem certa admiração por números ou termos apresentados sob o manto da ciência, elas são mais propensas a crer na inverdade apresentada sob tais formas, a espalhá-la e a tornar quase impossível que sejam tiradas de suas mentes.

Vejamos essas falsidades em algumas formas características.

Combinação insidiosa
de semelhante com diferente

Ou, como também a podemos chamar, recusa à desambiguação.

Quem é a pessoa mais segura nos Estados Unidos? Uma mulher casada uma única vez que viva com seu marido. É menos provável que ela seja vítima de um crime grave. Ela está menos exposta aos perigos do mundo ao redor. O lar, mesmo que ela passe a maior parte do dia fora dele, é para ela um refúgio. Observe as coisas com o olhar de um criminoso, de um homem ruim ou violento. Você passa por uma casa bem cuidada, com um jardim do lado de fora e sinais de brincadeiras de crianças, e percebe que atrás daquela porta pode haver um homem adulto absolutamente comprometido com o bem-estar de sua esposa e filhos. Ele pode ter uma arma. Quem sabe o que você poderá ter de enfrentar? Aquela casa você ignora.

Ou podemos olhar a questão de outra forma, ou seja, podemos perguntar que tipos de pessoas *podem ser convidadas a entrar naquele lar*. É lógico que nem o marido nem a esposa receberão um homem mau; ou qualquer homem com quem não tenham um vínculo de parentesco, amizade íntima ou parceria comercial, e nunca qualquer homem que não seja um irmão ou primo, a menos que o marido esteja em casa. Mas a mulher que vive sozinha, na maioria dos casos, convidará homens para visitá-la, e cada um desses homens será como uma carta que alguém tira do baralho com a face para baixo, sem saber o que virá. A maioria deles não causará nenhum dano à mulher. A maioria — não todos.

Para a mulher solteira que lida com um homem solteiro, sem contar com a proteção de seu pai e de seus irmãos, o acréscimo da atração ou mesmo fome sexual equivale a espalhar gasolina e pólvora em seu apartamento. E se considerarmos, ainda, o fato de que as pessoas têm relações sexuais antes do casamento, antes do amor e, às vezes, até mesmo antes de se conhecerem, e se considerarmos também que as pessoas nessas circunstâncias raramente concordam com a importância que dão ao relacionamento, ou se existe algum relacionamento, e se acrescentarmos fatores como insegurança, decepção, ciúme, desamor, sentimentos feridos, raiva e vingança, o que surpreende não é o fato de essas situações muitas vezes prepararem o terreno para a violência, mas que os níveis de violência não sejam ainda piores do que são.

Sendo assim, você poderia pensar que as feministas a quem importa o bem-estar das mulheres as incentivariam a se casar e a permanecer casadas. Mas não. Fazem o contrário. Uma amiga minha diz que uma feminista é uma mulher que odeia os homens quase tanto quanto odeia as outras mulheres — especialmente mulheres que se sentem à vontade perto de homens. Assim nasceu a categoria de "violência doméstica", uma categoria que clama por uma desambiguação. Nós difamamos muito os maridos ao misturá-los com namorados coabitantes ou com homens que estão só de passagem. Essas são categorias completamente diferentes de homens, e tais homens se comportam de maneiras totalmente diferentes. Sim, é verdade que alguns maridos batem em suas esposas. Estamos falando de probabilidades, não de possibilidades. Suponha que seu inimigo mortal lhe dê uma escolha: você pode jogar roleta russa com um revólver com seis câmaras e uma bala, ou pode jogar com um revólver especial que ele fabricou, no qual há cem câmaras e uma bala. Qual deles você vai escolher?

Como a insegurança sempre tentará os seres humanos a se comportarem de forma errática, e ainda mais se eles acreditarem que têm pouca coisa que possa ser colocada em risco, podemos também acrescentar que, *numa situação instável, todas as outras coisas ruins (além da violência) que homens e mulheres fazem uns aos outros são mais prováveis do que numa situação estável.* O casamento é bom para ambos os sexos; a união estável, a longa espera pelo casamento, os relacionamentos abertos, a fornicação e o sexo entre quase estranhos são ruins para ambos os sexos.

Como as mulheres são muito mais vulneráveis fisicamente do que os homens, tudo o que é ruim as coloca em maior risco de sofrer danos físicos.

Separe as categorias. O marido (se for o primeiro e único) é a melhor proteção da mulher; o namorado que mora com ela é um grande perigo; uma jovem que mora sozinha é vulnerável de maneiras que a mulher casada mal pode imaginar.

Saiba mais sobre a probabilidade condicional

Há décadas ouço dizer que a maioria dos casos de abuso sexual de crianças envolve homens heterossexuais e que, portanto, não devemos suspeitar se o homem *gay* do outro lado da rua convidar seu filho adolescente para ir ao sótão dele para ver um autorama ou algo do tipo.

Em primeiro lugar temos o mesmo problema, a recusa à desambiguação. Você é um homem casado e quer identificar quem pode ser uma ameaça para seu filho ou sua filha. Você pensa nas pessoas estranhas à sua casa. Você sabe muito bem que você mesmo *não é uma ameaça*, pois conhece seu próprio comportamento. Você não leva em conta o incesto: não é necessário pensar nisso. Não quero fazer pouco caso desse mal hediondo. Mas ele é inerradicável, a menos que deixemos de ter filhos. Mais adiante, devo sugerir algo que pode tornar muito menos prováveis esse e outros males. Por enquanto, observo que a inclusão do incesto na categoria de abuso sexual de crianças tem motivação política: tem a intenção de dificultar a percepção de onde está a maior ameaça.

E aqui devemos tentar adquirir o hábito de fazer perguntas sobre probabilidade condicional. A maioria dos criminosos é, de longe, destra. O que isso significa? Por si só, não significa nada, pois *a maioria das pessoas* é destra. Não queremos saber qual é a probabilidade de um criminoso ser destro, mas sim, dada uma pessoa destra, qual é a probabilidade de ela ser criminosa. A condição deve ser posta em seu lugar devido. Não queremos saber, nos Estados Unidos, qual é a probabilidade de um criminoso pertencer a esta ou àquela raça ou grupo étnico, mas, dada uma pessoa desta ou daquela raça ou grupo étnico, qual é a probabilidade de ela ser uma criminosa. Obter a condição correta é uma questão de lógica, mas é bastante urgente quando a condição faz toda a diferença do mundo.

Consideremos, para simplificar, que estamos falando de homens que molestam crianças; deixemos de fora as mulheres molestadoras. Como o número de homens heterossexuais supera enormemente o número de homens homossexuais — entre 20 para 1 e 40 para 1, dependendo da definição que você usar — seria de se esperar que apenas raramente meninos fossem molestados. Mesmo que alguns dos meninos fossem molestados por homens aparentemente heterossexuais agindo de acordo com uma fantasia maligna e reprimida, ainda estaríamos falando do que seria uma pequena minoria das crianças vitimadas. Mas esse não é o caso. Os meninos são molestados por pessoas estranhas à sua família com a mesma frequência que as meninas; talvez com a metade da frequência, talvez com a mesma frequência e talvez com uma frequência um pouco maior, dependendo, novamente, de como as estatísticas são tabuladas e quais definições são usadas.

Portanto, a questão decisiva não é "dado um molestador de crianças do sexo masculino, qual é a probabilidade de ele ser heterossexual ou homossexual?", mas "dado um homem homossexual ou heterossexual, qual é a probabilidade de ele molestar uma criança?". E estipulamos também que não estamos falando de incesto, pois, novamente, quando você está avaliando as ameaças aos seus filhos, pode confiar no seu próprio comportamento; é com o comportamento de outras pessoas que você deve se preocupar. Acrescentarei, porém, que, à medida que a falsidade chamada casamento *gay* se torna mais comumente aceita, e à medida que as pessoas trazem para casa filhos que não são delas e que não podem nem mesmo adotar como seus, agindo como se os tivessem gerado segundo o padrão exemplar da natureza, veremos os casos de "incesto" se espalhando como um fungo. Ele será mais comum, muito mais comum, na situação não natural do que na natural. Há motivos especiais para minha previsão. Alguns brotam do perigo sempre maior que as crianças correm quando vivem com um adulto que não é parente de sangue delas, sempre com exceção dos casais heterossexuais dedicados um ao outro, que não podem ter filhos, mas que desempenham a atividade de onde vêm os bebês e que, portanto, podem assumir a salvadora ficção de que o bebê adotado poderia tão bem ter sido deles quanto de qualquer outro casal. Alguns dos motivos se relacionam, entretanto, com a etiologia da obsessão sexual antinatural.

Mas meu argumento aqui é de aplicação geral. Ponhamos a condição em seu devido lugar. Se estivermos avaliando o comportamento moral dos piratas, não queremos saber qual é a probabilidade de um navio afundado no mar na época das grandes marinhas mercantis ter sido afundado por homens cuja bandeira mostrava uma caveira e dois ossos. As tempestades também causam naufrágios. O que queremos saber é qual é a probabilidade de que homens sob uma bandeira de pirata atacassem e afundassem um navio mercante no mar. É claro que, por *outros motivos*, talvez queiramos saber sobre a primeira probabilidade, se o que estivermos considerando não for a moralidade, mas a proporção da ameaça representada pelos piratas em comparação com as tempestades, icebergs ou rochas na parte rasa de uma baía. Precisamos saber o que estamos procurando e como o podemos encontrar.

Preste atenção às oportunidades

Suponhamos que você esteja jogando pôquer. Você quer saber quais são as chances de obter pelo menos três ases, se tirar cinco cartas. Não é difícil calculá-las:

$$4/52 \times 3/51 \times 2/50 \times 10 = 2/1105$$

Vou poupar o leitor da explicação. Agora, suponha que você decida que os duques e as trincas serão coringas. Isso triplica o número de ases no baralho. Isso triplica as chances? Vejamos:

$$12/52 \times 11/51 \times 10/50 \times 10 = 110/1105$$

Triplicar? As chances foram multiplicadas por 55.

Ora, os ases e os curingas que se passam por ases não têm conhecimento uns dos outros. Eles não agem por imitação. Eles não podem reagir rejeitando ou abandonando o jogo; os seres humanos, sim. Imagine que, em uma determinada rodovia de duas pistas divididas, um em cada cem motoristas cruzará a linha central, entrando no caminho dos carros que trafegam em sentido contrário. Você pode supor que a rodovia logo se tornará notória pelas mortes ocorridas ali. Mas você não deve supor que ela permanecerá assim, pois as pessoas mudarão seu comportamento e deixarão de usar a estrada. Os acidentes na rodovia acabarão diminuindo, e não aumentando. No entanto, isso não seria um mérito da estrada.

"Killer 22" — era como costumavam chamar certa rodovia nos Estados Unidos em um trecho sinuoso que passava pelos penhascos de Bethlehem (PA) até Allentown. Enquanto não havia uma alternativa melhor, as pessoas tinham que usar a estrada, e era possível perceber os acidentes pelas marcas de tinta de carro deixadas no canteiro central e pelos *guard rails* esmagados nas laterais. Mas quando a alternativa foi construída, grande parte do tráfego se desviou. Isso não tornou a 22, subitamente, uma estrada melhor; ela continuava horrível. Mas havia menos chances de danos, e qualquer acidente particular provavelmente envolveria menos carros e menos vítimas.

Mais meninos do que meninas vão parar no hospital por terem caído de uma árvore, mas isso não significa que as meninas sejam melhores ao subir em árvores. O que acontece é o contrário: os meninos são muito melhores do que as meninas nisso e, para começar, é muito mais provável que eles subam numa árvore. Crianças deficientes não caem de árvores, porque não conseguem escalá-las; sua total incapacidade significa que eles nunca correrão esse perigo específico. Esse princípio também é de ampla aplicação. Suponhamos que, devido à criminalidade generalizada e ao caos social, ou mesmo devido à percepção desse caos, as pessoas permaneçam confinadas em suas casas e as crianças devam ser supervisionadas por adultos durante os raros momentos em que lhes é permitido brincar ao ar livre. O resultado estatístico pode muito bem ser que os crimes cometidos contra crianças fora de suas casas caiam para quase zero. Mas o que isso significa? Que as pessoas são mais gentis com as crianças do que costumavam ser? De modo algum; elas podem, de fato, ser mais cruéis. Mas elas não têm a oportunidade de colocar sua crueldade em ação. Você obtete um pequeno ganho em segurança às custas da liberdade, da iniciativa e de uma vida infantil digna deste nome.

Quando avaliamos o sentido de qualquer estatística ou observação do comportamento humano, devemos levar em conta as oportunidades disponíveis para tal conduta. Pode haver vários motivos para não encontrarmos nenhum Michelangelo entre os esquimós, mas os mais óbvios têm a ver com oportunidade e meios. Onde ele encontraria mármore, e com quais ferramentas o extrairia? De onde viriam as ferramentas necessárias, se não se pode extrair minério sob o gelo permanente? Você também poderia perguntar pelos vinicultores e produtores de azeite de oliva ao norte do Círculo Polar Ártico. Há, de longe, mais homens do que mulheres agredindo pessoas, porque os homens *são capazes* fazer isso e a maioria das mulheres não é. Da mesma forma há mais homens jovens do que velhos capazes de arrastar alguém para um beco e assaltá-lo; não ocorre que os velhos não tenham paixões violentas, mas que lhes falta a capacidade de colocá-las em ação. E se eles não têm a paixão violenta, não é porque são mais santos do que os jovens, mas porque internamente se tornaram mais frios; o crime violento requer calor. É menos provável que os pecados de homens idosos cheguem a um relatório policial. O mesmo pode ser dito sobre os pecados das mulheres.

Preste atenção às definições

Certas falsidades são como os jogos de copinho que os vigaristas costumavam expor na rua para levar vantagem sobre incautos. Você observa as mãos do vigarista e tem certeza de que a moeda está embaixo deste ou daquele copo, mas foi o golpista quem o levou a acreditar nisso o tempo todo, enquanto transferia a moeda para outra pessoa ou, na verdade, a deixava cair em seu colo sem ser vista. Para o mentiroso ou o ludibriador que espalha desinformações isso é feito através do uso de termos confusos: embora a conversa seja sobre uma coisa, o termo empregado nomeia outra.

Suponhamos, por exemplo, que estejamos nos perguntando sobre o número de assassinatos por ano em uma determinada nação. O que queremos saber? Simplesmente, quantas pessoas são deliberadamente mortas pelas mãos de outros, fora das execuções legais. Mas onde podemos encontrar esse número? Será que ele inclui — como presumimos que deva incluir — todos os homicídios, e não apenas aqueles que se enquadram na definição legal de assassinato? Incluirá — e acredito que deva incluir — atos de aborto e eutanásia, independentemente de seu estatuto legal? O que significa o termo? Como as ações são contabilizadas?

Já ouvi dizer que as mulheres americanas são hoje muito mais instruídas do que eram há cem anos, e que isso é bom. Conhecimento e habilidades são coisas boas, sem dúvida, e é justo que as mulheres os tenham. Mas com base em que fazemos essa afirmação? Normalmente definimos educação como aquilo que você recebe através de um determinado número de anos de escolarização e, mais especificamente, definimos educação superior como aquilo que você adquire em determinados locais chamados faculdades ou institutos em universidades. Mas observe que a definição se deslocou. Não quero saber quantas pessoas, homens ou mulheres, frequentam a faculdade. Quero saber sobre sua educação: o que elas sabem e o que podem fazer. Isso é uma coisa muito diferente. Tenho livros antigos para maquinistas e eletricistas — profissionais que não precisariam de nenhuma formação universitária — que são sofisticados demais para serem lidos pela maioria dos estudantes universitários de hoje. Já ouvi estudantes de pós-graduação reclamarem que *The Federalist* era difícil demais para que pudessem ler confortavelmente, estudantes que não sabiam que os ensaios de Hamilton, Madison e Jay foram impressos inicialmente como folhetos para serem lidos por uma nação de fazendeiros, pescadores, comerciantes e negociantes. A oposição à posição federalista veio, entre outros, do famoso "Fazendeiro da Pensilvânia". Ainda não sabemos quem ele era. Cartas e registros de diários escritos por soldados de infantaria na Guerra Civil nos impressionam por sua elegância e sofisticação. Isso não devia nos surpreender; suas mentes estavam repletas de pensamentos e ritmos da Bíblia King James, e os romances que eles liam teriam sido escritos por autores como Henry Fielding e Walter Scott, cujas obras também seriam assustadoras para os universitários de hoje. O que, então, nos faz ter tanta confiança de que somos mais instruídos do que aqueles soldados?

Às vezes, a definição mais antiga precisa ser descartada ou alterada para captar o que costumava captar, sob novas formas e em novas circunstâncias. Veja a taxa de divórcio nos Estados Unidos. Ela se estabilizou em um nível próximo dos 40%. Isso não é nada reconfortante; é uma taxa terrível. Quando a Divorce Reform League foi criada, em 1885, foi porque o índice de divórcios havia chegado a um índice que se considerava socialmente perturbador: 10%. Seja como for, podemos ao menos considerar que as perturbações da revolução sexual se acalmaram, de modo que não precisamos mais nos preocupar com o divórcio? De modo algum.

Pois o que queremos conhecer quando perguntamos sobre o divórcio? Não quantos casamentos legalmente estabelecidos foram desfeitos, mas todo o quadro relativo às relações entre homens e mulheres, a geração dos filhos e sua criação por mães e pais unidos e comprometidos um com o outro para toda a vida. Se ninguém se casar, então ninguém se divorciará; mas nunca chamaríamos isso de melhoria em relação a uma condição em que todos se casam e um pequeno número de casais se divorcia. Suponhamos que, em vez disso, consideremos o que chamei de Índice de Dissolução Social, envolvendo *todos os relacionamentos entre um homem e uma mulher que duram mais de cinco anos*, independentemente do casamento legal, e *todos os relacionamentos entre um homem e uma mulher que duram mais de dois anos e nos quais ao menos uma criança foi gerada*. Suponhamos que perguntemos quantos casamentos e semicasamentos como os acima descritos se desfazem. A taxa será assustadoramente alta: muito superior a 50%, sem nenhuma probabilidade de redução, exceto pelo totalmente inaceitável expediente de fazer com que homens e mulheres deixem de se unir por amor.

Depois, há definições que são mentiras. Não porque abrangem muito ou pouco, ou porque confundem a realidade que supostamente descrevem, mas porque o que pretendem definir *não existe* e, às vezes, nem mesmo pode existir. Devo me referir novamente às questões sexuais, não porque elas sejam a principal arena para a inverdade e a tolice humanas, mas porque é por causa dela que nós, aqui e agora, estamos enlouquecidos. Tomemos, por exemplo, o chamado transexual. Ora, é uma questão de simples realidade biológica que não se pode transformar um homem em uma mulher, ou uma mulher em um homem, assim como não se pode transformar um gato em um cachorro. A masculinidade e a feminilidade de uma pessoa — exceto pela raríssima aberração da natureza, um defeito de nascença que torna o sexo da pessoa um tanto ambíguo ou que resulta em um corpo que não possui nenhum órgão sexual funcional — estão marcadas em cada célula do corpo.

Espero que não seja muito tedioso entrar em detalhes. O menino tem uma camada "extra" de pele, o que o torna, literalmente, mais cascudo que sua irmã e, talvez por isso, menos sensível aos cortes e arranhões que sofrerá em suas brincadeiras mais brutas. Sua organização cerebral não é como a da irmã, e as diferenças se manifestam de modo característico; por exemplo, em sua relativa lentidão ao falar e em sua habilidade relativamente maior de girar objetos tridimensionais — uma tendência também à abstração. O bebê menino no berço olhará extasiado para um móbile acima dele, com seus muitos objetos se movendo simultaneamente em várias direções; a menina é mais propensa a observar, extasiada, o rosto humano. O homem tem um coração maior que o da mulher, apto para correr e para explosões rápidas de força muscular; sua capacidade aeróbica aos quarenta anos ainda é superior à da mulher em seu auge, e continuará assim por aproximadamente mais dez anos. Ele tem músculos mais espessos e uma porção maior da variedade de contração rápida, outro elemento que o adequa às explosões de força. É por isso que um homem, em um confronto físico com uma mulher, pode "surpreendê-la" com um golpe que parece vir do nada, sem preparação, sem enrolação. Seus ossos são mais espessos e menos propensos a fraturas e, de fato, os meninos — salvo algum fator que os atrapalhe, como baixa visão, hipersensibilidade neurológica ou experiência dolorosa — serão propensos a brincadeiras mais grosseiras, como as dos touros jovens que gostam de travar chifres. Estas brincadeiras desgastam seus ossos, e a reação do corpo é fortalecê-los. Nada disso pode ser alterado através de declarações; tampouco pela amputação de um órgão sexual saudável ou pela fixação de alguma imitação de um órgão sexual que, em sua função essencial, não é mais semelhante a um órgão real do que um toco de madeira a uma perna. *Não existe um homem que tenha se tornado uma mulher ou uma mulher que tenha se tornado um homem.* Não existe "transição".

Muitas vezes acontece de uma definição abrigar em si uma premissa não reconhecida e não demonstrada: a chamada *petição de princípio*. Para ser mais preciso, não é que eu me oponha ao casamento entre um homem e outro homem. Digo que isso é uma impossibilidade, uma contradição em termos. O intercurso sexual — o congresso entre suas genitálias — entre eles é impossível. Eles só podem fazer coisas que imitam a relação sexual, pois o ato genuíno só pode ser realizado entre um homem humano vivo e maduro e uma mulher humana viva e madura. Fingir que um homem *pode se* casar com outro homem é aceitar uma redefinição sem sentido biológico, que localiza o casamento não em um fato físico, mas nas meras emoções e nas imaginações arbitrárias dos agentes. É claro que isso implica tornar todos mais dispostos a dissolver algo cuja potência vinculante não supera a dos sentimentos e fantasias, e que tal disposição influenciará a todos, inclusive aqueles que são genuinamente casados.

Uma definição também pode ser eufêmica, uma mentira que desvia a atenção da realidade para um sentimento desejado. O saudoso Ed Norton chamava a si mesmo de "engenheiro de saneamento", em vez de simplesmente dizer que trabalhava no esgoto. Às vezes, diz-se que as estradas recebem o nome daquilo que foi destruído para que elas pudessem ser construídas. Certa vez, morei na Estrada do Riacho Borbulhante; se alguma vez houve um riacho borbulhante no seu entorno, nunca encontrei vestígios dele. Essas anedotas são divertidas, mas outras não são. Naquela bela obra de comentário social contemporâneo, *1984* — pois ele não estava prevendo o que aconteceria, mas observando o que já havia acontecido —, George Orwell nos apresenta um Ministério do Amor que só se ocupa de ódio, crueldade, traição e tormento; um Ministério da Verdade, baseado em suas próprias experiências na BBC, cujo trabalho é ofuscar, mentir e enviar incômodas evidências de mentiras e de eventos passados inconvenientes para o "buraco da memória", um tubo que leva a um incinerador; e um Ministério da Paz que se ocupa da guerra, guerra incessante, guerra cuja principal função é manter as pessoas empobrecidas e sob controle rígido. O Departamento de Educação dos Estados Unidos tem muito pouco contato com a verdade, a bondade, a beleza e a transmissão de sabedoria aos jovens, mas se dedica bastante a impor às escolas de um povo anteriormente livre as opiniões aprovadas em assuntos sociais controversos ou a adotar materiais curriculares vendidos por corporações que se aproveitam de um mercado cativo.

Um médico que lhe ministrar morfina, para dopá-lo, misturada com veneno, para matá-lo, não está agindo como médico, mas como assassino, independentemente de você ter lhe pedido que fizesse isso. Não há nada de "médico" em sua ação. Ela não remedia nada: não restaura nenhuma função de um órgão doente ou de um membro quebrado; não expulsa nenhuma doença; só alivia a dor porque tira do mundo o sofredor, num gesto que não supera o disparo de uma bala contra seu cérebro, o que prejudicaria a cadeira, a parede e o chão, mas não tanto a ordem social e as leis morais pelas quais ela subsiste. Da mesma forma, o aborto não é "medicina", mas pseudo-medicina; seu objetivo não é curar, mas matar.

Com frequência, diz-se sobre o Sacro Império Romano que ele não era santo, nem romano, nem um império. Muitos "servidores públicos" de nossa época não são públicos — já que raramente sabemos quem são e não temos meios de responsabilizá-los por suas decisões ou ações — nem servidores, mas governantes ocultos, operadores de alavancas burocráticas nos bastidores. Faculdades promovem a "diversidade" que, na prática, não passa de quarenta tons de rosa; se quisessem a única forma de diversidade que uma instituição educacional deveria acolher, ou seja, a diversidade de pensamento em busca da verdade, não expulsariam de seus empregos pessoas que ousaram incomodar os modismos sociais aceitos da época.

Olho no lance

As ações e razões humanas geralmente são confusas, e não aceite que ninguém sugira o contrário. As pessoas maduras aprendem a distinguir, em sua avaliação, as pessoas, os motivos, os julgamentos e as ações. Vamos examinar os quadros possíveis.

Uma boa pessoa pode apoiar uma coisa boa por bons motivos: Madre Teresa pediu ao governo indiano um local onde ela e suas irmãs pudessem cuidar dos pobres e dos moribundos. Uma boa pessoa pode apoiar uma coisa boa por motivos ruins: Thaddeus Stevens quis abolir a escravidão para punir os escravocratas do Sul e ampliar o poder dos expansionistas do Norte. Uma boa pessoa pode apoiar uma coisa ruim por boas razões: George McGovern quer expandir o alcance e o poder do Estado para fazer com que todos os homens trabalhem. Uma boa pessoa pode apoiar uma coisa ruim por motivos ruins: Bill Gates (supondo que ele seja um homem bom) apoia o Common Core para padronizar a educação nos Estados Unidos.

Uma boa pessoa pode se opor a uma coisa boa por bons motivos: Patrick Henry lutou contra a Constituição proposta porque temia que ela destruísse os estados (o que de fato aconteceu, muito tempo depois). Uma boa pessoa pode se opor a uma coisa ruim por bons motivos: O Papa João Paulo II se insurgiu contra o aborto porque é um homicídio e sua aceitação deprecia a vida humana. Uma pessoa boa pode se opor a uma coisa ruim por motivos ruins: Daniel Berrigan se opôs à Guerra do Vietnã mais por aversão aos Estados Unidos do que por amor ao Vietnã. Uma pessoa boa pode se opor a uma coisa boa por motivos ruins: Jimmy Carter se opôs à tentativa direta de Ronald Reagan de levar a União Soviética à falência porque não conseguia deixar de lado sua animosidade pessoal.

Uma pessoa ruim pode apoiar uma coisa boa por boas razões: John Brown era a favor da abolição porque queria que todos os homens fossem livres. Uma pessoa ruim pode apoiar uma coisa boa por motivos ruins: Hitler construiu as Autobahns para facilitar a movimentação das tropas alemãs. Uma pessoa ruim pode apoiar uma coisa ruim por boas razões: Lyndon Johnson promove uma guerra desastrosa no

Vietnã para impedir a disseminação do comunismo. Uma pessoa ruim pode apoiar uma coisa ruim por motivos ruins: Stálin provocou um período de fome na Ucrânia para acabar com os *gulags* e obter mais poder para si e para seu partido.

Uma pessoa ruim pode se opor a uma coisa boa por bons motivos: Woodrow Wilson, em Princeton, aboliu as fraternidades para tornar a escola mais aberta a todos, independentemente da classe. Uma pessoa ruim pode se opor a uma coisa boa por motivos ruins: Hugh Hefner fez o que pôde para corromper a imaginação dos homens e para ridicularizar a castidade antes do casamento e a fidelidade dentro dele. Uma pessoa ruim pode se opor a uma coisa ruim por boas razões: Nikita Khrushchev viu os males do stalinismo e agiu para saná-los. Uma pessoa ruim pode se opor a uma coisa ruim por motivos ruins: Mitch Snyder se opôs à falta de moradia por ódio ao seu país, abandonando sua própria família em seu protesto.

Não exijo que o leitor concorde comigo nessas avaliações. Esse não é o objetivo. Se desejar, você pode criar seus próprios casos para ilustrar as dezesseis possibilidades. A questão é que essas possibilidades existem, e que todas as tentativas de desviar a atenção da pessoa para o motivo, ou da qualidade moral de uma ação considerada em si mesma para o motivo da pessoa que a apoia ou se opõe a ela, são falsidades, fraudes, independentemente de o argumentador estar ciente disso. Mas, em nossa época, esses desvios estão embutidos nas próprias palavras que usamos, e isso torna quase impossível pensar racionalmente sobre o assunto em questão, enquanto semeamos o campo de debate com minas terrestres.

Se João disser: "Acredito que o ato homossexual é antinatural e imoral, e que sua aceitação prejudica o casamento e o bem comum", é uma espécie de mentira Miguel dizer que João é um "homofóbico". Em primeiro lugar, João pode não sentir medo nenhum do assunto, e talvez também não sinta nojo; uma suposta falta de nojo, aliás, não é claramente uma coisa boa. Em segundo lugar, isso não responde a noção proposta. O valor do que João diz deve ser avaliado quanto aos méritos do que diz, como se o homem mais santo e bondoso do mundo o tivesse proferido; o que não quer dizer que a santidade e a bondade tornem verdadeiro o que ele diz. Usar a palavra *homofóbico* é contar uma mentira e envenenar o poço. Se você não sabe que seu oponente tem motivos malignos ou desonestos, mas afirma que ele os tem, você é um mentiroso e, nesse ponto, ninguém deve dar crédito ao que você diz.

Essas mentiras também podem assumir uma forma positiva. Mesmo assim, são mentiras. O *Patriot Act* não tinha nada a ver com patriotas, mas o rótulo sugeria que aqueles que se opusessem a ele não seriam patriotas. O *Affordable Care Act* não tornou o sistema de saúde acessível, mas o rótulo provavelmente serviu para diminuir a oposição. O *Respect for Marriage Act* consagrou na lei um ataque central e mortal ao casamento, tornando-o uma questão de desejos sexuais e sentimentos amatórios que podem ir e vir, separando-o das realidades biológicas e ignorando os direitos das crianças a uma mãe e a um pai. Se começarmos a falar a linguagem de tais *slogans*, seja ela temperada com ácido ou com açúcar, nos tornaremos cada vez menos capazes de pensar. Espalhamos mentiras. Se não estivermos cientes de nossa falsidade, que Deus julgue o quanto somos culpados; de qualquer forma, as mentiras causam danos.

As inverdades e a "razão"

Quando Ésquilo encenou a magnífica trilogia que conhecemos como *Oresteia*, Atenas havia acabado de passar por uma reorganização radicalmente democrática que tinha tanto a ver com a reorientação das lealdades dos homens quanto com a mecânica das eleições e do governo. Pois os homens naturalmente preferem sua própria gente e seus próprios interesses, e as exigências religiosas que os unem àqueles com quem compartilham o sangue são fortes e não devem ser descartadas. Os oponentes geralmente aristocráticos da democracia ateniense a viam como uma espécie de blasfêmia. A jogada, na visão de Ésquilo, era a seguinte: Atenas devia contar com a razão e com um espírito de justiça encarnado na assembleia ateniense, que atua como júri para o caso contra Orestes. Este matou sua própria mãe, Clitemnestra, por ela ter matado seu pai, Agamêmnon, depois de tomar por amante Egisto, um homem que tinha sua própria rixa de sangue para ajustar contas contra seu primo Agamêmnon e a casa de Atreu, pai de Agamêmnon. Clitemnestra também não agiu sem motivo algum contra Agamêmnon: este, contra a sua vontade, mas pressionado pelos capitães do exército que ele havia reunido, sacrificara sua filha Ifigênia para acalmar os ventos contrários quando se preparavam para navegar até Troia para buscar de volta a adúltera Helena, irmã de Clitemnestra e esposa do irmão de Agamêmnon, Menelau.

Esta é uma história de paixão e exagero, de conspiração fria e ira furiosa. Orestes deve vingar seu pai; é o que exige a piedade. Mas a culpada é sua própria mãe. Quais são as reivindicações do sangue e da família? O que a razão diz sobre o caso? Como podemos romper os laços de vingança sobre vingança?

O advogado de defesa é Apolo: presunçoso, de fala mansa, "razoável", se por "razoável" se quer dizer que ele às vezes tem o argumento certo e às vezes não, mas quando um argumento fraco é vestido com roupas elegantes, o júri talvez não perceba. As Fúrias são as promotoras: sempre prestes a cair em uma fúria apaixonada, fervendo com a ofensa feita a seus próprios seres, porque elas defendem as profundas e misteriosas reclamações do sangue. Atena é a juíza e, quando o júri chega a um impasse, ela dá o voto de desempate: absolver. Mas quando as Fúrias entram em um frenesi de desespero, ela as acalma, prometendo-lhes também um lugar de honra na cidade. Pois suas reivindicações sobre as ações dos homens também devem ser reconhecidas. Assim honradas, elas se tornam as *Eumênides*, as "Benevolentes". Podemos dizer que, para o homem, ser racionalista não é racional.

Pois o coração tem razões que a razão desconhece, diz Pascal. Por *coração* ele não está se referindo a sentimentos. Ele quer dizer que devemos ver as coisas com o âmago de nosso ser, por um ato imediato do intelecto, e não apenas através de uma dedução racional a partir das premissas ou de um cálculo. E devemos ter em mente quem está dizendo isso: um dos matemáticos mais brilhantes que já existiu e o pai da teoria da probabilidade. Pascal compreendia e enxergava além do tipo de racionalismo que Apolo finge, como o próprio Ésquilo enxergava. Tal racionalismo é o tipo de coisa que nos impede de entender muitas coisas que são óbvias para as pessoas comuns: nós nos "forçamos racionalmente" a aceitar inverdades. E também há nele outra coisa estranha: O Apolo de Ésquilo não é de forma alguma um sujeito desapaixonado, por mais que ele se orgulhe de sua visão clara. Conheça um racionalista mais a fundo e você detectará muitas paixões que ele não reconhece. O problema não é o fato de ele ter paixões; é normal que ele as tenha. O problema é que ele finge não tê-las e, ao fingir, não examina o que são, quão potentes são, para onde são direcionadas e se são racionais. Então, temos o pior tanto da razão quanto da paixão: o racionalista que raciocina mal, devorado por paixões para as quais está cego. Isso ainda não implica que o que ele diz esteja errado. De qualquer forma, ele pode estar dizendo a verdade. Mas isso faz com que, para ele, seja difícil enxergar a verdade. Ele crerá em mentiras e ficará ansioso para divulgá-las.

Nesse sentido, penso nos proprietários de uma padaria em Oberlin, Ohio. Eles estavam cuidando da própria vida — isto é, abrindo as portas e fornecendo às pessoas alimentos saborosos, mas também se certificando de que os ladrões de lojas não os levassem à falência. Um universitário tenta comprar uma garrafa de vinho, usando uma identidade falsa e escondendo mais duas garrafas sob o paletó. O balconista, um membro da família, rejeita a identidade e tenta tirar uma foto do ladrão, de quem recebe um golpe no rosto. Em seguida, ele corre atrás do jovem ladrão e tenta segurá-lo até a chegada da polícia. O ladrão estava acompanhado por duas de amigas; elas derrubam o funcionário no chão e começam a chutá-lo e socá-lo. Isso é o que estava acontecendo quando a polícia chegou ao local.

Qualquer pessoa em sã consciência deve perceber que os estudantes universitários estavam agindo como criminosos, com o agravante do motivo torpe. Uma coisa é tentar roubar vinho de uma loja. Isso deveria ser suficiente para que você fosse suspenso da escola, no mínimo. Mas submeter o funcionário, que agiu de forma razoável e dentro de seus direitos, a uma agressão coletiva? Isso, a meu ver, justifica a expulsão de todos, de modo a que a reitoria da faculdade deixe os alunos bem cientes: se vocês fizerem isso, não queremos saber de vocês.

Como meus leitores americanos devem saber, a coisa razoável não aconteceu, porque os proprietários da padaria — sem qualquer prova *e sem qualquer relação com o mérito do caso em questão* — foram acusados de racismo, e um funcionário da faculdade liderou um protesto contra o estabelecimento. A família processou a faculdade e, depois de vários anos, de muita angústia e da morte do proprietário mais velho, que não viveu para ver a justiça ser feita, eles ganharam o processo, que custou à faculdade quase quarenta milhões de dólares.

Podemos ficar perplexos com a pura estupidez dos atos da faculdade — uma estupidez criminosa, uma quebra de confiança fiduciária entre a faculdade e seus patrocinadores e um ataque arrogante aos meros mortais que ousam morar em seus arredores. Mas não se trata de uma estupidez comum. A pessoa estúpida de uma maneira normal é muito lenta para ver as coisas, e há algumas coisas que ela não tem condições de ver. Ele está para a maioria de nós, em muitas coisas comuns, como a maioria de nós está para, digamos, o menino Pascal em suas brincadeiras com seções cônicas. Não, essa é uma *estupidez extraordinária*, que não pode ser explicada apenas pela natureza. Ela só pode ocorrer por meio de um raciocínio mecanicamente previsível, manipulado em uma fábrica cujas máquinas são mentiras teóricas e meias-verdades, e alimentado por paixões não reconhecidas como a inveja, o ódio e a crueldade. Somente um "raciocinador" poderia transformar aquele incidente de furto em uma grandiosa e justa causa *contra as vítimas*. Somente mentiras envoltas em teoria poderiam fazer isso. Também não devemos esperar que os raciocinadores sintam qualquer tipo de vergonha. Eles quebram ovos para fazer omeletes, dirão. Um dos dois principais agentes universitários mais culpados pelo fiasco depois obteve um emprego mais atraente e lucrativo em outra instituição de ensino superior.

Deveríamos "fazer chover fogo e enxofre" sobre a padaria, disse uma das pessoas envolvidas. Aparentemente, algumas vértebras quebradas não eram punição suficiente para um homem que tentou conter um assaltante. Mas a linguagem da mulher é reveladora: as pessoas dominadas pela irracionalidade ideológica racionalizada tendem a perder todo o senso de proporção e a capacidade de enxergar ironias. No relato do Gênesis, são os habitantes da cidade de Sodoma que batem à porta de Ló, exigindo, em sua violência sexual, que ele entregue os dois jovens que vieram à sua casa, para que possam "conhecê-los" — isto é, para que possam estuprá-los (cf. Gn 9). Ló não é o agressor. Ló está apenas tentando cuidar da própria vida. O fogo e o enxofre que o Senhor fez chover sobre Sodoma foram uma punição por sua perversidade flagrante e antinatural. De que perversidade flagrante e antinatural o funcionário da loja era culpado? Duvido muito que o assaltante, seus cúmplices após o fato ou a própria reitora gostassem de ser assaltados ou espancados caso tentassem resistir ao assalto e prender o assaltante. Mas a reitora, sem um traço de autoconsciência, adotou para si o papel de Deus Todo-Poderoso, evidentemente ansiando com uma alegria feroz pela punição que engendrava.

Ela demonstrou um grande zelo religioso e farisaico. Mas há uma diferença crucial entre o que ela fez, motivada pela falsa religião de sua ideologia, e o que um cristão irritado com um ofensor faria se fosse ferido injustamente, mas continuasse consciente de sua fé. O cristão deve saber, e é bom que ele se lembre disso, que todos pecaram e estão destituídos da glória de Deus. O cristão deve se lembrar das terríveis palavras de Cristo que diz que, se você não perdoar aqueles que pecam contra você, o Pai também não o perdoará; pois do modo como você julgar também será julgado (cf. Mt 6, 15 e 7, 2). O cristão está ciente de que, sem a graça de Deus, ele poderia estar no banco dos réus onde está o malfeitor. Mas nada disso conta para o ideólogo. Ele foi capturado na rede de uma mentira: a de que está justificado meramente por ter as crenças ideológicas corretas. É por isso que ideólogos podem falar de fraternidade enquanto abrigam assassinatos em seus corações, em acordo com quem suas mãos em geral agem rapidamente. A esse respeito, a história do século passado é uma severa professora.

Siga a ciência, não os cientistas

Não acredito de forma alguma que as ciências empíricas sejam nosso único meio de apurar a verdade. Mas acredito que devemos respeitar o que elas têm a ensinar. A maioria destes ensinamentos, embora certamente não todos, corroborará ou aprofundará nossas percepções comuns de como as coisas funcionam e agem no mundo.

O problema é que os cientistas são humanos como todos nós. Não quero dizer apenas que eles cometem erros. Quero dizer que são motivados por paixões: ambição, avareza, teimosia, orgulho, inveja e medo — medo de ser expulso do círculo íntimo dos iniciados e de ser ridicularizado por não concordar com as opiniões predominantes. Eles são, como todos nós, capazes de exagerar aquilo de que têm certeza e de exagerar a probabilidade daquilo de que admitem não ter certeza. Como todos nós, tendem a encontrar o que decidiram procurar desde o início, e tendem a não encontrar o que decidiram não procurar. Estão aptos a adotar explicações que os livrem do desconforto. Em grupos, também podem se comportar como turbas. Pois uma turba, ao contrário de um organismo natural, é sempre muito menos inteligente do que a soma de suas partes, e pessoas que na vida privada seriam perfeitamente sensatas e gentis se portam, nas turbas, como valentões, covardes, rufiões e cretinos. Não quero dizer que a voz da multidão profira falsidades. Mas, para a multidão, a verdade não importa mais; o que importa é conseguir o que se quer.

Sempre que vejo pessoas agindo como turbas, tento impor alguma distância intelectual entre mim e elas. Se começasse acreditando no que elas acreditam, começaria me perguntando se não estamos certos, afinal. Mas, se começo duvidando do que eles acreditam, começo me perguntando se devo rejeitá-lo completamente. Da mesma forma que você não deve esperar astúcia, más intenções e promoção da falsidade de um grupo de pessoas envolvidas em uma discussão calma e civilizada sobre algum assunto importante (embora essas coisas continuem sendo possíveis), você também não deve esperar a verdade de uma multidão (embora ela possa estar certa). Já que você precisa escolher algum expediente — já que precisa viver no mundo, pois não conta com qualquer vantagem divina ao analisar uma massa de informações muitas vezes confusas e conflitantes — é sábio se posicionar contra a turba.

Escrevi muitos livros e artigos, nenhum dos quais, que eu me lembre, foi sobre mudanças climáticas. Não sou meteorologista e, se fosse, esperaria ser casto em meus pronunciamentos, pois a meteorologia é uma ciência que ainda está em sua infância. Não sou geólogo, arqueólogo, agrônomo ou astrofísico, cujos campos estão todos relacionados ao assunto e ao que o homem pode fazer para lidar com ele, se necessário. Mas desconfio das pessoas que dizem ter certeza de que a Terra está se aquecendo consideravelmente, que o homem é o principal responsável por isso, que isso é uma coisa terrível e que podemos reagir, fazendo algo que não deixe numa situação ainda pior outros fatores importantes e humanos. Não estou dizendo que Greta Thunberg, a jovem sueca das broncas por causa do clima, seja uma mentirosa. Não exatamente; mas ela não tem o direito de se manifestar como faz e não tem base para declarar suas certezas. Quando afirma suas certezas, embora saiba que também não é uma conhecedora real do assunto, como eu disse que também não sou, ela mostra que seu objetivo é a conquista, não a verdade.

Enquanto isso, o manto mágico da "ciência" veste as coisas mais escandalosamente tolas do mundo para justificá-las, enquanto os próprios cientistas, cuja maioria compartilha as visões seculares dos que vestem o manto, tornam-se cúmplices por meio de seu silêncio ou incentivo. Sempre que estiver discutindo sobre a moralidade de um ato e seu oponente jogar o trunfo científico, entenda-o como uma mentira, uma ficção. O abuso de certos órgãos corporais expõe os homens homossexuais a uma série de doenças raras, debilitantes e às vezes mortais, mas você nunca ouvirá a "ciência" ser invocada contra a sodomia. Encher o corpo com hormônios sexuais sintéticos, que também são hormônios de crescimento, tende a causar o crescimento de células que você não quer que cresçam, como as células cancerígenas; mas você nunca verá a "ciência" ser invocada contra a pílula. O aborto interrompe a gravidez de uma mulher enquanto suas células mamárias estão em plena metamorfose, e isso também deveria nos propor cautela; mas você nunca verá a "ciência da saúde da mulher" ser invocada contra o aborto. A paixão política superará a honestidade científica e até mesmo sufocará a investigação científica. Se você estiver determinado a não ver algo, você não verá.

Todas as pessoas que gritam são mentirosas — quase

Admito: nem todas as pessoas que gritam com os rostos vermelhos de paixão (de tipos geralmente desagradáveis) são mentirosas. Às vezes, haverá motivos para gritar do alto dos telhados. Mas vale a pena investigar a conexão comum entre gritaria e inverdade. E por *gritaria* aqui incluo todos os elementos de força, todas as ameaças veladas, todos os insultos e toda repetição incessante e insistente. Não são apenas os decibéis que caracterizam o grito.

Imagine um grupo de matemáticos tentando discutir como determinar geodésicas em um cone — linhas retas entre dois pontos. O cone foi definido e investigado por matemáticos há mais de dois mil anos, portanto, você pode pensar que a resposta está à mão ou é fácil de calcular, caso não esteja. Mas o cone é cheio de surpresas. À medida que ele se torna mais íngreme, o número de linhas retas entre dois pontos aumenta sem limites. É uma coisa linda de se pensar e requer deliberação calma e clareza. Agora imagine que os mesmos matemáticos, tentando fazer o mesmo trabalho, e sem nenhum traço de animosidade, estejam *gritando* uns com os outros. O trabalho será feito? Não suspeitaremos que a barulheira obstruirá o pensamento claro?

Imagine então que a gritaria comece *a produzir nos corações a animosidade que sugere*. Logo veremos os matemáticos jogando lápis uns nos outros, subindo em mesas, rasgando cadernos e sugerindo que seus inimigos não sabem ver as horas em um relógio analógico. Isso não é propício para a causa da verdade.

Dizem os advogados que, quando você não tem alegações, você grita. O barulho beneficia os mentirosos, pois obstrui ou distrai o poder da razão. Dois carros colidem na rua. Vemos os motoristas gritando um com o outro, lançando epítetos nada invejáveis sobre o comportamento moral de suas progenitoras. Se você for um policial, a primeira coisa de que precisa cuidar é fazer com que eles se acalmem. Então, talvez você consiga descobrir o que houve de verdade. Nesse caso, a última pessoa a parar de gritar tem maior probabilidade de ser a culpada: ela precisa afogar sua própria vergonha em berros.

Meu ponto aqui não tem a ver com essas interações infelizes, mas com toda a qualidade do que ouvimos e lemos nas notícias — e do que lemos também em muitos livros didáticos e *online*. Nós nos acostumamos a gritar e, como todos fazem isso, aprendemos a nos comportar como se os exageros e as distorções grosseiras dos gritadores fossem revelações da verdade, quando na verdade eles tornam quase impossível que a verdade seja descoberta. Mesmo a ameaça de um grito tende a embotar a mente. Muitos alunos em nossas escolas sentem que, se *pensarem*, poderão falar e, se *falarem*, serão xingados, insultados e até ameaçados com penalidades pessoais ou institucionais. Assim, eles se retraem, e isso os atinge já nos primeiros princípios do pensamento.

No entanto, muitas questões sociais e políticas exigem uma análise meticulosa, lenta, humilde e provisória, uma sugestão aqui, uma ressalva ali, uma dúvida sobre as consequências não intencionais, outra dúvida sobre aonde podem nos levar as premissas de uma ação proposta, uma terceira dúvida sobre o equilíbrio entre custos e benefícios; e enquanto houver pessoas gritando, enquanto as pessoas forem impedidas de fazer o maçante, mas necessário trabalho que suas posições como guardiãs do bem comum exigem, haverá leis ruins, políticos tolos ou mentirosos e cada vez mais ódio e inimizade a voar como espadas flamejantes entre o corpo político. E em nossa época, quase tudo o que você lerá em uma página editorial é um grito: não o fruto de cuidado, ampla experiência, pensamento profundo, erudição calma, mas sim de paixões políticas e sexuais; frutos da luxúria, ambição, avareza e tudo o mais. Tampouco se deixe enganar por uma linguagem marinada em humor cáustico. Desanimadas pela perspectiva de se tornarem alvo de insultos e piadas, muitas pessoas mentirão ou deixarão de declarar aquilo que acreditam ser a verdade. Pedro e todos os outros apóstolos, com exceção de João, fugiram do cenário da crucifixão. Não nos é dito por que fugiram; talvez tenham fugido para salvar suas vidas, e se João ainda fosse um jovem imberbe talvez não corresse um perigo tão mortal como os outros. Mas talvez tenham fugido porque não conseguiam suportar a zombaria. "Seus ultrajes abateram meu coração", deplora o salmista, "e desfaleci" (Sl 68, 21). As pessoas costumavam ter vergonha de contar mentiras. Agora elas têm vergonha de dizer a verdade.

Mas suponho que isso também não seja uma novidade em nosso mundo. A novidade pode ser, talvez, o imenso poder e alcance das ameaças.

Má-fé

Uma última forma de mentira é especialmente perigosa para aqueles que confiam que as pessoas com quem discutem realmente desejam encontrar a verdade. Podemos definir como "má-fé" o ato de fingir que você se importa com a verdade referente a um assunto quando você já não acredita que a verdade possa ser encontrada ou, mais provavelmente, pretende fazer ou dizer o que quiser de qualquer forma; de modo que o debate, para você, é uma mera ferramenta para semear dúvidas nas mentes dos outros ou para dissimular suas intenções diante de todos.

Deveria ser óbvio que não faz sentido argumentar com alguém que não se importa com os resultados da discussão, exceto pelo fato de que você pode ser ouvido por outras pessoas que se importam, e você não quer dar a impressão de que o que defende como verdade não conta com fundamentações ou provas. Há muitos anos, tentei discutir com algumas pessoas, na minha faculdade, sobre o que significa estudar outras culturas. Os ditos queixosos estavam se insurgindo contra a exigência de que estudassem uma dezena de culturas que compõem o que chamamos de Civilização Ocidental. Sugeri que lêssemos, juntos, um texto místico encantador da tradição medieval cristã, bem como o antigo *Tao Te Ching* chinês. Como resposta, fui ridicularizado em uma carta anônima e maliciosa enviada ao jornal estudantil. Então, ficou claro para mim: os alunos estavam argumentando de má-fé. Eles não queriam o que diziam querer. Talvez nem estivessem conscientes da inverdade. Muitas vezes, as pessoas que argumentam de má-fé simplesmente não examinam seus próprios motivos. Quando tiveram a oportunidade de sugerir textos de outras culturas que não estavam incluídos, naquele momento, no programa ao qual se opunham, não apresentaram nada, nem mesmo depois de terem sido convidados e até mesmo instados a fazê-lo. A cultura em si, por mais diferente que fosse de sua própria cultura, não os interessava. Protestar, sim.

Um atual bispo católico dos Estados Unidos deseja argumentar que certas práticas sexuais, antes consideradas imorais e até repugnantes, devem ser consideradas moralmente triviais. Ele tenta justificar sua posição com argumentos da história da Igreja e das Escrituras, mas o desleixo de seus argumentos o denuncia. Não é que ele seja um homem burro. É que mesmo que você mostrasse a ele, de forma conclusiva, que as Escrituras condenam o comportamento homossexual, e se você mostrasse a ele que a Igreja tem sido incontroversamente constante em sua condenação, ele ainda assim não se importaria. Ele apelará para certas palavras de Jesus tomadas vagamente, como se estas apoiassem de alguma forma e em um sentido vago o que ele quer, sem examiná-las de perto e sem colocá-las em concordância com todos os outros ensinamentos de Jesus, muito menos com o restante do Novo Testamento.

Posso demonstrar, baseado em evidências históricas e linguísticas e lendo as discussões sobre o assunto ocorridas na época, que a Segunda Emenda da Constituição dos Estados Unidos realmente garantia aos cidadãos o direito de portar armas de fogo. E muitos de nós somos tão inocentes a ponto de acreditar que tais evidências importariam para juízes, políticos e jornalistas. Para alguns, sim, mas para outros, de maneira nenhuma. Eles argumentarão de má-fé. Seu apelo à linguagem é estritamente um artifício retórico e tático. Os ateus geralmente apelam para as Escrituras da mesma forma, seja para atacar os crentes por supostamente violarem os mandamentos de Deus ou para ridicularizar aquilo em que não acreditam e que não se dão ao trabalho de examinar de perto. Se você continuar demonstrando a eles que não, os primeiros cristãos *não acreditavam* que os seis dias da criação no Gênesis se referiam a seis períodos de vinte e quatro horas, ou que os cristãos devem ser considerados expressamente livres das exigências cívicas e rituais da Lei Mosaica, como São Paulo diz especificamente e como fica claro no restante do Novo Testamento, mas que essa imunidade *não se aplica de forma alguma* à lei moral, pois o próprio Jesus nada mais fez que elevar os padrões de conduta moral em todas as áreas da vida humana, eles rirão de você e mudarão de assunto. Pois eles realmente não se importam com o que Jesus ou Paulo dizem. Eles estão argumentando de má-fé.

Você pode usar argumentos racionais e científicos para demonstrar que a criança que se desenvolve no ventre de sua mãe é um ser humano vivo e que, portanto, sua vida deve ser considerada sagrada. Esses argumentos podem ser importantes para algumas pessoas; e eles devem ser apresentados, pois transmitem a verdade. Mas o fato é que aqueles que apoiam o suposto direito de matar a criança não se importam se ela é um ser humano vivo ou não. Alguns são sinceros e cruéis o suficiente para dizer isso. A maioria não é tão sincera, mas discutir com eles será como gritar contra um vendaval. Você pode demonstrar que a introdução da pílula anticoncepcional foi um desastre para as relações entre homens e mulheres e para o casamento; você presume que seu interlocutor se importa com uns e com outros. Mas ele não se importa. Ele quer o que quer, e ponto final. Algumas pessoas acreditam que a temperatura da Terra está se elevando em um ritmo alarmante. Claro, examinemos as evidências e, se for o caso, e se tal aquecimento for calamitoso, e se pudermos fazer algo a respeito sem afetar muito negativamente outras questões, então vamos agir. Mas há pessoas que querem que isso seja aceito como verdade, para que possam recomendar a redução da população humana; e outras querem que seja aceito para que possam condenar aqueles a quem imputam a culpa, a quem odeiam.

A má-fé não prova que a posição do argumentador esteja incorreta. Mas é, como eu disse, uma forma de inverdade, uma pretensão. O fanático às vezes está certo. O cético, às vezes, é apenas egoísta e obstinado. A pessoa que argumenta de má-fé pode estar acidentalmente certa, mas em sua alma ela não está. E o pior efeito que ela tem sobre nós não é o fato de desperdiçar nosso tempo, mas o fato de que podemos terminar por imitá-la. "Estai sempre prontos a responder para vossa defesa", diz São Pedro, "a todo aquele que vos pedir a razão de vossa esperança" (1Pd 3, 15). "Não atireis aos porcos as vossas pérolas" (Mt 7, 6), diz Jesus. Devemos atender a estas duas instruções.

Conclusão

O que devemos fazer?

Não recomendo que apresentemos a verdade de maneira desagradável ou que sempre nos esforcemos em disputas com pessoas presas à inverdade. Essas questões também exigem prudência e caridade. Tenha sempre em mente que alguém que acredita em algo falso é, nesse sentido, uma vítima e um sofredor; e que alguém que prega algo que é falso talvez o faça com a consciência perfeitamente limpa. Sim, haverá vilões, perseguidores, monstros morais e mentirosos. Mas a maioria das pessoas não será desse tipo.

No entanto, uma coisa são as pessoas, e outra os princípios. Aos pecadores devemos misericórdia, porque somos todos pecadores. Mas devemos ser impiedosos com os maus princípios: primeiro, porque fomos feitos para a verdade, e em segundo lugar porque os maus princípios causam um tremendo dano aos seres humanos e ao bem comum. Acho que deveríamos estabelecer como lei para nosso comportamento que não contaremos mentiras nem participaremos das mentiras que os outros contarem. Se João mudar seu nome para Diana, eu posso, se as circunstâncias exigirem, chamá-lo de Diana, mesmo que pelo simples motivo de que chamá-lo de João talvez cause confusão. Mas não usarei o pronome "ela", pois isso seria participar de uma mentira. João não é uma mulher. Ele nunca poderá se tornar uma mulher. Ele pode imitar uma mulher — numa simulação em geral desajeitada, tola e simplista. Mas ele não é uma mulher, e não devo usar o pronome que sugere isso.

Sei que devo acreditar que uma religião é tão capaz quanto as outras de aproximar o homem de Deus. E, de fato, prefiro muito mais a companhia de um hindu devoto de Calcutá à de uma pessoa descuidadamente secular de Connecticut. Nesse aspecto mais importante, somos parentes. Conheci muçulmanos cuja devoção a Alá e cuja assiduidade nas orações me impressionam, e não gostaria que eles fossem mais parecidos com o americano que passa diante de uma igreja com um olhar de esguelha e um encolher de ombros. Mas não vou fingir que o hinduísmo e o islamismo não estão repletos de erros. Se um muçulmano devoto me convidasse para uma conversa sobre Jesus, eu falaria, espero, com franqueza e consideração. Jamais direi que, para Deus, tanto faz a religião que você segue, porque isso seria crucificar Cristo outra vez, dizer que Seu sacrifício não foi um sacrifício e o mais sublime dom divino de Si mesmo, mas uma mera e infeliz ocorrência oriunda da maldade humana. Em resposta, gostaria que o muçulmano e o hindu não tratassem minha própria fé com indiferença, mas que me respeitassem o suficiente para desejar corrigir o que eles acreditam serem meus erros. Novamente, nesse aspecto eles estariam mais próximos de mim do que qualquer um de nós estaria do indiferente, do ignorante, do mundano e do zombador.

Embora eu não precise sempre sobrecarregar as pessoas com o que vejo, nunca devo fingir que não vejo. Seria no mínimo de mau gosto e, na pior das hipóteses, pouco caridoso da minha parte fazer alarde sobre a eficiência das mulheres em um combate durante um desfile militar ou quando uma mulher de uniforme estivesse na minha presença. Mas não me obrigarão a dizer que o serviço militar feminino é uma coisa boa. Não negarei a física pura e simples do fato, muito menos a antropologia. Pois o homem foi feito para proteger a mulher, não para expô-la a danos letais e que não podem gerar o menor benefício para ele mesmo ou para seu país.

Václav Havel falou certa vez sobre o poder de um único lojista que um dia se recusou a expor um cartaz comunista em sua vitrine. Quero agir como esse lojista. A todos aqueles que exigem que eu concorde com tudo o que os poderes econômicos, políticos, acadêmicos e da mídia dizem que deve ser acreditado e declarado por todas as pessoas que pensam corretamente, digo "não, não farei isso". Os cristãos acreditam que uma conversão forçada não é conversão real. Mas os poderes mundanos não se incomodam com uma conversão forçada. Muitas vezes, ela é mais útil ao propósito deles do que uma confissão de crença genuína, porque coloca o confessor em uma posição falsa: obriga-o a sentir sua própria humilhação. É o que Soljenítsin disse sobre a vida na União Soviética: quanto maior e mais absurda a mentira, mais humilhado você fica quando a profere, sabendo que é uma mentira.

O que acontece com você, então? Nunca pense que você pode mentir impunemente. Cada mentira que você conta, cada falsidade que ajuda a espalhar, cada pequena e maldosa detração que você aprecia e espalha, cada fuga covarde para o absurdo torna você menos humano e mais parecido com um objeto bruto, se restar em você algum constrangimento por ser um mentiroso, ou com um demônio, se não restar. A punição pelo pecado vem com o próprio pecado, como no caso de um homem que deixa de defender um amigo de cuja inocência ele tem certeza e não precisa esperar a punição por isso; ele já se tornou um covarde, e seu próximo ato de covardia ocorrerá mais facilmente, assim como as falsas desculpas, e se isso continuar por tempo suficiente, ele será incapaz de distinguir entre o verdadeiro e o falso, o corajoso e o covarde.

Não seja assim. Diga a verdade, mesmo que às vezes tenha que dizê-la por meio de um silêncio e de uma recusa significativos. E se você for o único? Isso pode acontecer. Mas também pode acontecer outra coisa. Porque o homem, como eu disse, foi feito por Deus, que é a Verdade, e ele foi feito para a verdade, para descansar e se alegrar nela. Porque a paz, como diz Santo Agostinho, é a tranquilidade da ordem. Você pode encontrar outras pessoas profundamente gratas a você por sua coragem, e quem sabe quantas delas existirão? A União

Soviética já foi considerada inexpugnável. No entanto, poucos anos depois de Ronald Reagan ter dito a verdade sobre ela, chamando-a de império do mal — para a consternação de diplomatas e jornalistas experientes — a inexpugnável fortaleza caiu e, embora (até onde eu sei) nenhum daqueles diplomatas e jornalistas tenha ido até ele para assumir que estavam errados, suas palavras foram confirmadas.

"Se assim deve ser", disseram os três jovens ao rei Nabucodonosor, quando ele ergueu um ídolo de ouro diante do qual todos os homens deviam se prostrar em adoração, sob pena de morte se não o fizessem, "o Deus a quem nós servimos pode nos livrar da fornalha ardente e mesmo, ó rei, de tua mão. E mesmo que não o fizesse, saibas, ó rei, que nós não renderemos culto algum a teus deuses e que nós não adoraremos a estátua de ouro que erigiste" (Dn 3, 17–18).

Pois Deus é luz, diz o apóstolo, e nele não há treva alguma (1Jo 1, 5).

Este livro acaba de imprimir-se
para a Quadrante Editora
aos 31 de janeiro de 2025,
em papel Offset 75g/m².